"十四五"时期国家重点出版物出版专项规划项目

深中通道建设关键技术丛书

广东省重点领域研发计划项目（2019B111106002）

全离岸海中超大跨径悬索桥抗风关键技术研究

黄成造　赵　林　宋神友　王　骑　陈伟乐 ◎ 著

人民交通出版社股份有限公司

北　京

内 容 提 要

本书从抗风设计的角度出发,实施了深中通道伶仃洋大桥从初始设计阶段到施工图设计阶段的抗风性能研究,研究了桥位处的气象及风参数,分析了场址台风设计风环境,确定了设计风参数,比选了初步设计阶段气动方案,分析了深化方案的结构动力特性,完成了节段模型风洞试验、全桥气弹模型测振试验、静风稳定验算与抖振计算分析、桥塔自立状态模型试验、桥面行车风环境数值模拟,确定了主梁气动外形以及检修轨道位置及形状、栏杆透风率和导流板等附属设施气动优化方案,兼顾了工程经济性和安全性。

本书可供桥梁工程设计人员以及高等院校相关专业师生参考。

图书在版编目(CIP)数据

全离岸海中超大跨径悬索桥抗风关键技术研究 / 黄成造等著. — 北京:人民交通出版社股份有限公司,2024.1

ISBN 978-7-114-18893-0

Ⅰ.①全… Ⅱ.①黄… Ⅲ.①长跨桥—悬索桥—抗风结构—结构设计—研究 Ⅳ.①U448.25

中国国家版本馆 CIP 数据核字(2023)第 135032 号

Quanli'an Hai Zhong Chaoda Kuajing Xuansuoqiao Kangfeng Guanjian Jishu Yanjiu

书　　名:	全离岸海中超大跨径悬索桥抗风关键技术研究
著 作 者:	黄成造　赵　林　宋神友　王　骑　陈伟乐
责任编辑:	朱明周　李　喆
责任校对:	赵媛媛　魏佳宁
责任印制:	刘高彤
出版发行:	人民交通出版社股份有限公司
地　　址:	(100011)北京市朝阳区安定门外外馆斜街 3 号
网　　址:	http://www.ccpcl.com.cn
销售电话:	(010)59757973
总 经 销:	人民交通出版社股份有限公司发行部
经　　销:	各地新华书店
印　　刷:	北京印匠彩色印刷有限公司
开　　本:	787×1092　1/16
印　　张:	13.5
字　　数:	285 千
版　　次:	2024 年 1 月　第 1 版
印　　次:	2024 年 1 月　第 1 次印刷
书　　号:	ISBN 978-7-114-18893-0
定　　价:	56.00 元

(有印刷、装订质量问题的图书,由本公司负责调换)

丛书编审委员会

总 顾 问：周 伟　周荣峰　王 太　贾绍明
主 任：邓小华　黄成造
副 主 任：职雨风　吴玉刚　王康臣
执行主编：陈伟乐　宋神友
副 主 编：刘加平　樊健生　徐国平　代希华　潘 伟　吕卫清
　　　　　　吴建成　范传斌　钟辉虹　陈 越　刘亚平　熊建波
专家组成员：
　　综合组：
　　　　周 伟　贾绍明　周荣峰　王 太　黄成造　何镜堂
　　　　郑健龙　陈毕伍　李 为　苏权科　职雨风　曹晓峰
　　桥梁工程组：
　　　　凤懋润　周海涛　秦顺全　张喜刚　张劲泉　邵长宇
　　　　陈冠雄　黄建跃　史永吉　葛耀君　贺拴海　沈锐利
　　　　吉 林　张 鸿　李军平　胡广瑞　钟显奇
　　岛隧工程组：
　　　　徐 光　钱七虎　缪昌文　聂建国　陈湘生　林 鸣
　　　　朱合华　陈韶章　王汝凯　蒋树屏　范期锦　吴建成
　　　　刘千伟　吴 澎　谢永利　白 云
　　建设管理组：
　　　　李 斌　刘永忠　王 璜　王安福　黎 侃　胡利平
　　　　罗 琪　孙家伟　苏志东　代希华　杨 阳　王啟铜
　　　　崔 岗　马二顺

本书编写组

组　　长： 黄成造　赵　林　宋神友　王　骑　陈伟乐
参与人员： 陈焕勇　徐　军　姚志安　崔　巍　方根深　马存明
　　　　　　范传斌　刘　健　盛建军　马　腾　李志国　吴玲正
　　　　　　陈炳耀　邹　威　刘　鹏　梅瀚雨　童俊豪　许晴爽
　　　　　　陈　鲲　王　迪

序　　言

深中通道项目是世界级"桥、岛、隧、水下互通"集群工程，其控制性工程伶仃洋大桥的主跨达1666m，为世界最大跨径全离岸海中钢箱梁悬索桥。本桥采用整体钢箱梁，具有超大跨径、超高桥面(高91m)、结构柔、阻尼低的特点，且地处珠江口开阔水域，超强台风频发，设计风速高、湍流度低，桥梁颤振检验风速达83.7m/s，因此保证抗风安全是本桥的首要问题。

基于西北太平洋地区近70年历史实测台风路径数据库，利用超级计算机开展了该地区10万年台风路径随机模拟，获得了桥位处不同重现期的设计风速和台风风灾曲线；同时开展了大桥气动外形比选的计算流体力学数值模拟和节段模型风洞试验、气动导数识别和变异性分析、节段模型测力和测振风洞试验、全桥气动弹性模型风洞试验；结合长期台风观测资料和模拟结果，开展了台风条件下大跨度悬索桥的颤振稳定性设计。

经过多年研究，创新性地完成了伶仃洋大桥设计方案：桥梁总体采用平行主缆、门式桥塔、4m梁高整体闭口箱梁方案；为满足颤振临界风速设计要求，采用"整体钢箱梁＋水平导流板＋上稳定板＋高透风率栏杆"组合的新型气动控制技术，将钢箱梁颤振临界风速提升至88m/s，高于颤振检验风速。这些成果对钢箱梁悬索桥抗风设计具有重要借鉴意义，所形成的理论、方法可直接应用于未来沿海地区大跨度桥梁的抗台风设计。

本书是项目抗风团队研究成果的总结和结晶。我很乐意向从事悬索桥科研、设计、施工和建设管理的人员推荐这本书，希望大家能从中了解大跨径悬索桥的最新抗风技术，共同提高我国悬索桥抗风水平，为交通强国建设贡献更大的力量。

陈政清

中国工程院院士

2023年11月

前　　言

　　随着我国沿海城市的发展以及我国众多岛屿之间沟通的日益紧密，大跨径桥梁的建设存在着前所未有的机遇和巨大的挑战。结构形式的多样化和轻柔化、材料和施工工艺的新颖化、建设过程的复杂化是其发展趋势和特点。悬索桥是超大跨径甚至是极限跨径桥梁形式的重要选择，越来越多的高强轻型材料及先进的施工工艺被应用到桥梁建设中，桥梁设计理念也日益追求结构及材料承载能力的极限化，以期实现跨径的突破，断面形式也日益复杂，钢箱梁、分体双箱梁、桁架梁等越来越多的断面形式也被用于更大跨径的桥梁。

　　风是桥梁结构在自然条件下所受的不可避免的外力作用，会对桥梁结构受力及其位移响应产生重要影响。风对桥梁产生的不利作用是多方面的。由风引起的不同程度的桥梁振动会产生各种各样的危害作用。当振动达到人可以感知的范围时，会使使用者产生不安全感。剧烈的振动还可能造成桥梁毁坏、人员伤亡和巨大的经济损失。桥梁的抗风设计不是自古就有的，而是在一次又一次的工程经验和工程事故中总结得出的。

　　近年来，登陆广东省的台风呈现出频发、高强趋势，导致伶仃洋大桥抗风安全问题突出，须通过风洞试验深入研究伶仃洋大桥的抗风性能。不论从结构特点出发，还是从深中通道所处的风环境出发，伶仃洋大桥的抗风安全问题都是必须重点考虑的问题。本书从抗风设计的角度出发，实施了深中通道伶仃洋大桥从初始设计阶段到施工图设计阶段的抗风性能研究，研究了桥位处的气象及风参数，分析了场址台风设计风环境，确定了设计风参数，比选了初步设计阶段气动方案，分析了深化方案的结构动力特性，完成了节段模型风洞试验、全桥气动弹性模型试验、静风稳定验算与抖振计算分析、桥塔自立状态模型试验、桥面行车风环境数值模拟，确定了主梁气动外形以及检修轨道位置及形状、栏杆透风率和导流板等附属设施气动优化方案，兼顾了工程经济性和安全性。

作　者
2023 年 2 月

目　　录

第1章　绪论 ··· 1
　1.1　工程概况 ··· 1
　1.2　抗风分析重要性 ··· 2
　1.3　研究内容 ··· 3
第2章　桥位气象观测及风参数研究 ··· 7
　2.1　周边气象站与历史资料 ·· 8
　2.2　平均风场参数分析 ··· 13
　2.3　脉动风场参数分析 ··· 21
　2.4　重现期设计风速 ··· 29
　2.5　小结 ·· 31
第3章　工程场址台风设计风环境分析 ··· 34
　3.1　台风风场模型 ·· 35
　3.2　台风风场参数拟合 ··· 37
　3.3　台风灾害模拟评估 ··· 40
　3.4　小结 ·· 44
第4章　设计风参数分析 ·· 45
　4.1　基本风速 ··· 45
　4.2　桥位设计基本风速 ··· 47
　4.3　桥位高度处基准风速 ·· 48
　4.4　颤振检验风速 ·· 49
　4.5　小结 ·· 49
第5章　初步设计阶段气动方案比选 ··· 50
　5.1　初步设计方案概况 ··· 50
　5.2　结构建模与动力特性 ·· 56

I

5.3	主梁气动性能数值模拟	58
5.4	主梁节段模型风洞试验	64
5.5	小结	72

第 6 章 深化方案结构动力特性分析 ······ 75
6.1	4m 梁高方案	75
6.2	5m 梁高方案	80
6.3	小结	84

第 7 章 节段模型风洞试验 ······ 85
7.1	节段模型风洞试验理论	86
7.2	小尺度 4m 梁高方案	87
7.3	小尺度 5m 梁高方案	93
7.4	大尺度 4m 梁高方案	102
7.5	大尺度 5m 梁高方案	108
7.6	小结	115

第 8 章 全桥气动弹性模型测振试验 ······ 117
8.1	全桥气动弹性模型风洞试验理论	117
8.2	4m 梁高方案	118
8.3	5m 梁高方案	127
8.4	小结	139

第 9 章 静风稳定验算与抖振计算分析 ······ 140
9.1	静风稳定检验	141
9.2	随机风激力抖振计算分析	148
9.3	小结	155

第 10 章 桥塔自立状态模型试验 ······ 157
10.1	桥塔气动弹性模型风洞试验理论	158
10.2	模型设计及准备工作	159
10.3	试验过程及试验内容	165
10.4	试验结果	167
10.5	小结	171

第 11 章 桥面行车风环境 ... 172
11.1 桥面行车风环境数值模拟 ... 173
11.2 桥面行车高度风环境研究 ... 174
11.3 等效桥面风速及影响因素 ... 176
11.4 运营期风天行车安全保障措施 ... 177
11.5 小结 ... 178

第 12 章 施工状态抗风性能研究 ... 179
12.1 结构动力特性分析 ... 179
12.2 全桥气动弹性测振风洞试验 ... 181
12.3 全桥气动弹性测振试验结果 ... 187
12.4 小结 ... 194

第 13 章 结语 ... 196
13.1 4m 梁高方案 ... 196
13.2 对比方案 ... 198

参考文献 ... 200

第1章 绪　　论

1.1　工程概况

深中通道是珠江口中下游唯一的内陆东西直连通道,连接深圳市和中山市,东起深圳市宝安区鹤洲立交,西至中山市横门枢纽,为国家高速公路网深圳—岑溪高速公路(国家高速G2518)的组成部分和跨珠江口的关键工程。深中通道对于增强珠江口东西两岸交通联系负有至关重要的作用,能进一步促进珠江三角洲地区的经济结构转型和发展方式转变,增强珠三角地区的综合实力与国际竞争力。

深中通道项目是世界级的"桥、岛、隧、水下互通"集群工程,是国家"十三五"重大工程和《珠江三角洲地区改革发展规划纲要(2008—2020年)》确定建设的重大交通基础设施项目,是连接广东自由贸易区三大片区、沟通珠三角"深莞惠"与"珠中江"两大功能组团的重要交通纽带,是粤东通往粤西乃至大西南的便捷通道。深中通道项目于2015年底获国家发展改革委批复,2016年12月28日开工建设。全线计划在2024年建成通车,通车后由深圳到中山只需30min即可直达,彻底改变粤西地区民众到深圳必经虎门大桥的历史,更加大大减轻虎门大桥长期拥堵的交通压力。深圳、中山两地同步进入"半小时生活交通圈",促进粤港澳大湾区城市群在人文、物流、经济、文化等领域的快速发展及交通的互联互通。

深中通道位于珠江口中山新隆—深圳机场南侧之间,北距虎门大桥约30km,南距港珠澳大桥约40km。深中通道全长24km,其中有6.8km长的沉管隧道,约17.2km的桥梁工程。深中通道的关键控制性工程为主跨1666m的双塔悬索桥——伶仃洋大桥(主通航孔桥),与主跨580m的双塔斜拉桥——中山大桥。项目所在区域属亚热带海洋性季风气候区,受欧亚大陆和热带海洋的交替影响,该区域气象复杂多变,灾害性天气频繁,凡登陆、影响珠江三角洲及附近地区的热带气旋,对桥区均可造成较大影响;此外,以热带海洋气候为背景,结合该地特有的复杂地形地貌而形成的近地层风的特征,将对深中通道的抗风安全设计产生重要影响。伶仃洋大桥是双门形桥塔平行索面整体钢箱梁悬索桥,为目前中国在建的最大跨径的悬索桥,跨径组合为500m+1666m+500m,跨中桥面离海平面高度达90m,其立面见图1-1。桥梁跨径超大、桥面超高,对风的作用极为敏感。桥址位于珠江口伶仃洋开阔水域,具有典型的台风型气候特点,受台风极端天气登陆和珠江口的狭道效应影响,该地区的基本风速较大,百年重现期10m高度10min平均年最大风速高达43.0m/s。

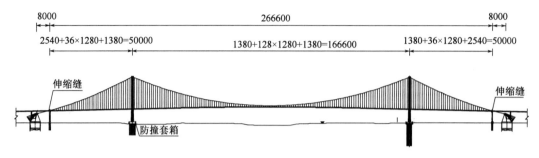

图 1-1　伶仃洋大桥立面图(尺寸单位:cm)

1.2　抗风分析重要性

自然灾害给人类的生命财产造成了巨大的损失,是当前人类面临的重大问题之一。在所有的自然灾害中,台风灾害以发生频率高和破坏性强成为对社会经济发展和人民生命财产安全威胁最严重的几种自然灾害之一。据统计,全球各种自然灾害中,无论是总死亡人数还是一次成灾损失,台风灾害均居前列,全球每年由于台风造成的损失达 100 亿美元,年平均死亡人数达 2 万人以上。

我国是世界上自然灾害最严重的国家之一,与其他国家相比,具有灾害种类多、频次高、强度大和影响面广的特点。我国东临全球发生台风最多的西北太平洋海域,从北到南漫长的海岸线和沿海地区都可能有台风登陆,主要登陆地点集中在广东、海南、台湾、福建、浙江和上海等地。而这些东南沿海台风多发地区涵盖中国人口最密集、经济最发达的长三角区域和珠三角区域。特别是 20 世纪 90 年代以来,随着我国经济的快速发展,建筑结构向高层、大跨度方向发展,结构柔性大幅增加的同时,灾害损失也日益严重。

随着我国沿海城市的发展以及我国众多岛屿之间沟通的日益紧密,大跨径桥梁的建设存在着前所未有的机遇和巨大的挑战。结构形式的多样化和轻柔化、新型材料和施工工艺的新颖化、建设过程的复杂化是大跨径桥梁发展趋势和特点。悬索桥是超大跨径甚至是极限跨径桥梁形式的重要选择,越来越多的高强轻型材料及先进的施工工艺被应用到桥梁建设中,桥梁设计理念也日益追求结构及材料承载能力的极限化,以期实现跨径的突破。断面形式也日益复杂,钢箱梁、分体双箱梁、桁架梁等越来越多的断面形式被用于更大跨径的桥梁。

风是桥梁结构在自然条件下所受的不可避免的外力作用,会对桥梁结构受力及其位移响应产生重要影响。自然风主要包括平均风和脉动风两部分,流经桥梁断面时会对结构产生作用力,结构运动又会反过来影响周围的流场。当桥梁刚度较大时,结构运动幅度小,对其周围流场的影响可忽略不计,此时风对结构的作用可看作以静风力为主的定常作用力。桥梁跨径的增大会导致刚度尤其是弯扭刚度的减小,此时来流风的脉动成分对结构产生动力作用,引发结构位置、形状改变,会对周围流场造成不可忽视的反馈影响,导致结构与流场之间的自激效应。自美国华盛顿州主跨为 853m 的 Tacoma 桥由于风致振动损毁之后,人们对其发生风毁的原因和机理进行了大量研究,此后风致振动问题的研究逐渐深入,抗风理论起步并逐渐完善。

风对桥梁产生的不利作用是多方面的。由风引起的不同程度的桥梁振动会产生各种各样的危害作用。当振动达到人可以感知的范围时,会使使用者产生不安全感。剧烈的振动还可能造成桥梁毁坏、人员伤亡和巨大的经济损失。桥梁的抗风设计不是自古就有的,而是在工程经验和工程事故中总结得出的。

1.3 研究内容

近年来,登陆广东省的台风呈现出频发、高强趋势,导致伶仃洋大桥抗风安全问题突出,须通过风洞试验深入研究伶仃洋大桥的抗风性能。不论从结构特点出发,还是从深中通道所处的风环境出发,伶仃洋大桥的抗风安全问题都是必须重点考虑的问题。本研究从抗风设计的角度出发,研究了桥位处的气象及风参数,分析了场址台风设计风环境,确定了设计风参数,比选了初步设计阶段气动方案,分析了深化方案的结构动力特性,完成了节段模型风洞试验、全桥气动弹性模型试验、桥塔自立状态模型试验、桥面行车风环境试验,实施了深中通道伶仃洋大桥从初始设计阶段到施工图设计阶段的抗风性能研究,确定了主梁气动外形以及检修轨道位置和形状、栏杆透风率和导流板等附属设施气动优化方案,兼顾了工程经济性和安全性。

为给项目决策提供依据,切实掌握工程所在地的风环境和风特性参数,保障工程安全,有必要开展现场气象观测,在实地观测数据的基础上,模拟计算深中通道在抗风设计、施工及运营各阶段所需的关键参数。受深圳至中山跨江通道项目前期工作办公室委托,广东省气候中心于2012年6月至2013年6月承担了"深圳至中山跨江通道工程可行性研究阶段桥位气象观测及风参数研究"专题工作,取得了阶段性的成果。为进一步较全面地掌握工程所在地的强风过程数据,广东省气候中心于2013年6月至2014年11月承担"深圳至中山跨江通道工程桥位气象继续观测及风参数研究"专题工作。

1.3.1 风致振动

桥梁抗风设计的基本理念是保证桥梁的结构安全可靠、经久耐用,应包含以下内容:

①在设计使用年限内不出现严重的自激发散振动。

②在设计使用年限内桥梁结构不出现静力失稳现象。

③采取适当的措施保证结构的抗风能力。另外就桥梁的抗风问题而言,桥梁的设计风速要在其临界风速基础上保留足够的安全余量。在桥梁的初步设计方案不能满足抗风要求时应采取适当的抗风制振措施,最大程度地提高桥梁的抗风性能。

风对桥梁的影响主要有以下几方面:

1) 颤振

颤振是由自激力引发的以扭转或弯扭耦合振动为表现形式的一种发散性振动,常说的桥梁动力失稳即颤振失稳。颤振发生时,结构的系统阻尼经历由正到负的变化。若以线性系统为假定前提,"颤振临界点"就是结构阻尼变为零时对应的风速,此时结构发生平稳的等幅振动;一旦风速有所增大或者阻尼减小,该临界状态被打破,系统由等幅振动变为发散性的振动,结构发生破坏性振动失稳,美国 Tacoma 桥的风毁就是风致颤振发散造成。一些研究桥梁颤振性能的风洞试验发现,结构可能不存在明显的颤振临界点,随着风速的增加,系统仍保持稳态的等幅振动,不发生破坏性失稳,称为软颤振现象。由于颤振会引发灾难性后果,因此在桥梁抗风设计中,颤振应绝对避免。

2) 抖振

抖振是自然风经过桥梁结构时形成的绕流及经过其他结构物形成的特征紊流引起的一种随机性强迫振动。现有的抖振理论分析方法主要考虑自然风中脉动成分的影响,风洞试验则可综合考虑脉动风、结构绕流以及其他特征紊流的影响。基于现有的抖振理论,桥梁抖振是一种限幅的振动形式,不会造成发散性振动从而造成倾覆失稳,但过大的抖振响应峰值会使得结构刚度急剧降低,引发静风失稳等发散性破坏,且抖振也会引发疲劳问题。

3) 驰振

20 世纪 50 年代,Den Hartog 观察到结冰电缆的风致大幅振动,并将这种不稳定的振动形式命名为驰振。之后,人们通过研究加深了对驰振的认识。驰振是一种由自激力引起的发散性振动,在桥梁结构发生振动时,如果自激力的方向与结构运动的方向相同,会向结构持续输送能量,从而加大振幅,最终导致振动发散。Den Hartog 还发现,除了圆截面,其他各种非流线型截面都有发生驰振的可能;另外,非流线型断面构件、有棱角构件或具有负斜率的升力系数或升力矩系数的构件更易发生驰振。

4) 涡振

自然风流经桥梁断面时,由于桥梁结构本身及其附属结构的影响,会在钝体周围形成交替脱落的涡旋,并以涡激力的形式作用于桥梁结构,引发结构振动,表现为强迫振动的特点,桥梁结构的振动又会反过来影响涡旋的形成和脱落,表现为自激振动的特点,这是一种确定性的作用形式。当涡旋脱落的频率(即涡激力的频率)与桥梁固有频率相等或接近时会引起结构的大幅振动,该现象即涡激共振(简称"涡振")。涡振是限幅振动,并不引发发散性的失稳,但由于涡激力频率较低,极易与大跨径桥梁的基频重合,桥梁结构出现涡振的概率要高于颤振和驰振,且桥梁大幅涡振对其抗疲劳性能不利,也会对行人和行车的安全性和舒适度产生影响。《公路桥梁抗风设计规范》(JTG/T D60-01—2004)❶对涡振振幅作了明确规定,以保证大跨径桥梁的涡振性能满足要求。

---

❶ 本书开展的研究早于现行的《公路桥梁抗风设计规范》(JTG/T 3360-01—2018),特此说明。

5) 静风失稳

风致静风失稳是桥梁结构在静风荷载的作用下,主梁结构逐渐发生侧弯、竖弯和扭转变形,由此导致斜拉索或吊杆、主缆应力的变化,使结构刚度发生改变,而结构位形的改变也会反过来影响静风力的大小;如此反复作用,当结构刚度减小到无法抵抗外界风荷载时,结构发生失稳破坏。一般认为静风失稳的形态为发散性失稳,破坏性大,且失稳前无预兆,具有突发性,因此大跨径桥梁的静风稳定性能必须得到保证。

1.3.2 风洞试验

1.3.2.1 节段模型测振试验

风洞试验有许多无量纲化后的相似准则,如雷诺相似准则、斯特劳哈尔相似准则、弗劳德相似准则等,但这些准则经常不能同时满足。因此,在风洞试验中,根据实际需要严格执行某一部分相似准则,而舍弃另外一部分相似准则。

具体到节段模型测振试验,有3个基本相似比,即几何缩尺比、风速比以及密度比。其中,密度比往往可以不考虑,这是因为对用于结构风工程的低速风洞而言,模型和原型的空气密度基本一致。因此节段模型测振试验的2个关键相似比为几何缩尺比和风速比。质量比、质量惯性矩比、频率比等均可通过这两个相似比推导得出。

此外,由于低阶振型在颤振稳定性试验中更容易被激发出来,所以节段模型一般只对实桥的第1阶竖弯频率和第1阶扭转频率进行模拟。据此,可根据几何缩尺比、风速比以及有限元分析得到的振动频率、等效质量和等效质量惯性矩设计节段模型。

与测振试验相比,测力试验所遵循的相似理论较为宽松,一般只要模拟桥梁的几何外形,并保证有足够的刚度即可。因此,小尺度节段模型测振试验模型也常常可以用来进行测力试验。

1.3.2.2 全桥气动弹性模型测振试验

全桥气动弹性模型测振试验一般需要遵循的原则如下:

①模型的几何缩尺比应根据风洞的高度和宽度确定,并确保阻塞率不超过5%。此外,由于悬索桥全桥气动弹性模型的风速比由几何缩尺比唯一确定,在几何缩尺比确定后,应验算风洞实际最大风速所对应的实桥风速,确保该风速值大于颤振检验风速。

②斜拉桥桥型可通过垫高桥的来流一侧或背侧形成不同风攻角,而悬索桥则不行,这是因为悬索桥具有重力刚度效应,如果垫高桥的一侧将使得索形发生改变。对于悬索桥,一般垫不同角度的坡板形成不同的风攻角。

③全桥气动弹性模型应确保前若干阶振型与实桥的振型频率对应。

④悬索桥一般采用泡沫塑料模拟几何外形,采用芯棒模拟刚度。为了防止泡沫塑料对模型的刚度形成干扰,一般采用节段泡沫连续拼装的方法模拟主梁外形。

⑤悬索桥的重力刚度效应需要用主缆丝上的质量块进行模拟,质量块的质量应根据对应的相似比确定。

1.3.3 研究流程

大跨径桥梁抗风性能研究主要针对风致作用下的强度、刚度和稳定性三大类问题展开,最核心的内容是风致稳定性检验和风致响应预测。大跨径桥梁风致稳定性是指动力稳定性,当空气的流动速度影响或改变了不同自由度运动之间的振幅以及相位关系,使得桥梁结构能够在流动的气流中不断吸收能量,而该能量又大于结构阻尼所耗散的能量时,就会产生发散性的自激振动,这就是桥梁颤振或驰振。

当气流流经结构断面(包括主梁和桥塔结构)时,周期性交替脱落的涡旋将引起另一种桥梁风振现象——涡振。虽然涡振不会像颤振和驰振那样引起整个结构的发散性振动、导致动力失稳破坏,但是当涡脱频率接近结构固有振动频率时,也会出现很大的振幅,形成涡激共振,这种结构共振现象仍有可能造成结构强度破坏或疲劳破坏,并严重影响结构使用性能。

本研究的技术路线为首先借助 CFD(Computational Fluid Dynamics,计算流体动力学)软件做流固耦合分析,初步判断三个方案的风致振动性能,再通过节段模型风洞试验方法检验主桥颤振和涡振性能。研究工作流程图见图 1-2。

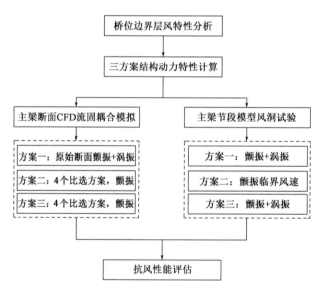

图 1-2 研究工作流程图

本书从深中通道伶仃洋大桥所在位置的气象观测及风参数开始研究分析,对工程场址进行台风设计风环境分析,进而确定设计风参数,包括基本风速、桥位设计基本风速、桥位高度处基准风速、颤振检验风速。通过上述分析,初步确定设计阶段的气动方案,针对每个方案做细化的结构动力特性分析,通过小节段模型风洞试验、全桥气动弹性模型测振试验、静风稳定验算与抖振分析、桥塔自立状态模型试验、行车风环境探究以及施工期抗风性能研究等多方面的分析研究,最终确定伶仃洋大桥的抗风方案。

第2章　桥位气象观测及风参数研究

桥梁结构是处于大气边界层的结构。桥梁抗风设计的前提条件是对桥位处大气自然环境的了解,合理分析、计算和确定桥位特殊地理环境下各种风参数,在此基础上,采取必要的设计方案,确保大桥在使用期可能出现的气象条件下的安全。也就是说,桥梁在风作用下产生内力、应力、变形、位移,发生扭转发散、横向屈曲、驰振、颤振、抖振、涡振、耦合颤振等现象的临界风速应高于桥位处设计检验风速。临界风速确定得过高,必定造成桥梁建设投资的巨额浪费,甚至造成设计困难;反之,则可能使临界风速低于使用期的极端自然风速,造成桥梁在使用期的不安全,甚至风毁桥事故。很显然,桥位处的自然风参数的合理确定尤其重要。

桥梁、结构物主要受所在地近地风(即大气边界层内空气流动特性)的影响。结构物所在地的近地风特性是进行结构物抗风设计与检算的基本依据。为了研究方便,将本质上是随机的自然风,分解成以平均速度表示的平均风和均值为零的脉动风,分别加以研究。

平均风为长周期,周期远远大于结构自振周期,作用性质相当于静力。平均风特性包括场地基本风速、风速沿高度分布的规律、平均风的风攻角、风向等。

脉动风产生的效应是不可忽略的。它使结构承受随时间变化的荷载,影响疲劳寿命和使用舒适度;在某些情况下会引起共振,产生灾害性后果;它还会改变结构在平稳流中的气动力特性。脉动风由风的不规则引起,周期短,作用性质是动力的,其引起结构的振动(结构风振)。表征风的脉动分量的参数有紊流强度、紊流积分尺度、脉动速度的功率谱与互功率谱等。

因此,风对桥梁的作用包括风荷载的静力作用和风引起的桥梁振动。

结构的风致振动与来风的特性有关。例如,来风的紊流尺度越大、紊流度越高,结构的随机风致响应就越大,当来风的风速脉动卓越频率与结构的固有频率接近时,将会产生很大的共振响应。然而,对于细长的结构,紊流使风的空间相关性降低,也会使涡旋脱落的规律性变差,从而减轻涡振等某些类型的风致振动响应,提高颤振、驰振等的临界风速。此外,上游结构或其他障碍物对来流的干扰会使来流风速产生显著的脉动。例如,钝体绕流或圆柱体的涡旋脱落均会在其下游产生高紊流度的、具有显著横风向流动的尾流,这种现象称为气动不稳定性。当一个结构(特别是柔性结构)遭遇气动不稳定现象时,就可能产生突然的振动,结构的振动反过来又会改变其绕流形态和风荷载的特性,进一步影响结构的振动特性。这种结构振动和风之间的相互作用机制被称为气动弹性,而这种现象被称为气动弹性现象。

桥梁作为大气边界层内的结构,其规划、设计、施工、营运均受到气象条件的影响和制约。现代大跨径桥梁结构的长、高、轻、柔的特点,使得其对气象环境尤其是风的作用更为敏感,风荷载在桥梁设计中至关重要,成为大跨径桥梁设计的控制荷载。尤其在施工悬臂拼装阶段,风荷载更是关系施工安全的重要因素,桥梁上部结构的抗风稳定性是大跨径桥梁需要解决的主要问题之一。

本章从伶仃洋大桥桥位的气象站与历史资料开始,分析该桥的位置、走向、地形特点、已有气象站的资料等,确定该桥位处的风参数。

2.1 周边气象站与历史资料

2.1.1 现场观测资料说明

2.1.1.1 现场观测设置概况

根据深中通道的位置、走向、附近地区地形特点、已有气象站分布和工程建设的需求,广东省气候中心与委托单位专家经过现场勘察共同确定,于2012年6月在桥位附近的中山市火炬开发区临海工业园东二围建设了1座90m高的测风塔。测风塔周围为江边农田,下垫面平坦开阔,无建筑物或树木遮挡,测风环境良好(图2-1)。塔基地面海拔为2m。平均风场观测层次为距地面10m、30m、60m、80m、90m,5个观测层次均安装NRG杯式测风仪;另外,在距地面80m高度安装Wind Master Pro三维超声测风仪进行脉动风场观测(表2-1)。

图 2-1　测风塔现场照片

观测仪器安装情况　　　　　　　　　　　表 2-1

地点	观测要素	观测高度(m)	仪器型号	仪器精度	主要性能指标
中山市火炬开发区临海工业园东二围	平均风场(风向、风速)	10、30、60、80、90	NRG 杯式测风仪	风速:±0.3m/s。风向:±3°	最大风速量程60m/s,采样时距1s
	脉动风场(三维风况)	80	Wind Master Pro	风速:读取数据的±1%。风向:±1°	最大量程65m/s,采样频率10Hz

2.1.1.2 现场资料的精度检验

依照中国气象局制定的《地面气象观测规范》和《气象资料统计规定》，对现场采集的实时资料进行整理、审核。数据合理性检验和精度控制流程如下：

1）仪器精度控制

所有气象仪器在进入现场安装之前，由具有相应资质的计量检定单位进行测试和检定。

2）杯式测风仪数据合理性检验

一般检验：0m/s≤风速≤60m/s；0°≤风向≤360°。

特殊检验：对于梯度观测站，根据各观测层次数据的一致性、合理性进行判断；对同时段各测风站观测数据的一致性、合理性进行判断。

3）超声测风仪数据合理性检验

一般检验：根据仪器的判别码识别数据的有效性。

特殊检验：数据采集系统在工作中有时会引入一些虚假的数据，通常称之为"野点"。观测资料的野点可能是由于飞虫等干扰物、电源的不稳定脉冲或感应元件的不稳定工作造成的，尤其是当环境温度过高或过于潮湿时会造成失真数据。主要根据数据的一致性和连续性特征来剔除"野点"。

2.1.1.3 现场资料说明

1）观测时段

观测时段为2012年6月15日—2014年11月30日。

2）平均场（杯式测风仪）资料完整性说明

由于数据记录仪、无线传输系统偶然性故障以及夏季雷击影响，缺少2012年6月15—17日、7月19日、8月31日、10月9—10日、11月17—21日、12月28日，2013年5月26—31日与6月13日等部分时段的平均场测风数据。10~80m观测高度有效数据完整率在93.4%~95.2%。90m高度风速仪于2013年4月26日遭雷击，直至6月13日，测风数据出现较多缺测情况。该高度层的年度有效数据完整率为87.5%，详见表2-2。

深中通道测风塔数据完整率及插补订正情况　　　　表2-2

高度（m）	有效数据完整率（%）	数据缺测日期	数据缺测原因	订正说明
10	97.95	全塔：2012年6月15—17日、7月19日、8月31日、10月9—10日、11月17—21日、12月28日，2013年5月26—31日、6月13日、8月5日，2014年8月25日。 60m高度：2013年5月31日—6月12日风向数据。 80m高度：2013年5月31日—6月12日、2014年10月2日—11月30日风向数据。 90m高度：2013年4月26日—5月26日风速数据，5月26日—6月13日风向数据、风速数据，2014年10月2日—11月30日风向数据	1. 记录仪故障。 2. 个别测风仪遭雷击	1. 90m高度处风速缺测较多，根据80m高度相同季节的风速采用比值法进行插补订正。 2. 缺测风向以相邻层次正常风向代替
30	97.95			
60	97.24			
80	93.91			
90	93.20			

对于90m高度2013年4月26日—5月26日以及5月31日—6月12日缺测的风速,根据相关规范,利用80m高度相同季节的风速采用比值法进行插补订正。

对于60m、80m和90m高度2013年5月31日—6月12日期间的缺测风向,均以相邻层次正常风向代替;对于80m和90m高度2014年10月2日—11月30日期间的缺测风向,均以60m高度的正常风向代替。

3) 超声测风仪资料说明

观测期间,1208号台风"韦森特"和1319号强台风"天兔"对现场测风区域有较大影响,超声测风仪记录到了上述两个台风过程的完整观测数据。

2.1.2 历史资料说明

将深中通道工程区域附近的番禺、深圳、中山、珠海四个长期(国家站)气象观测站历史资料作为本项目的基础气候资料。热带气旋资料取自中国气象局发布的《台风年鉴》和《热带气旋年鉴》。

气温、气压、相对湿度、风速、降水、日照、雷暴、雾、龙卷风等资料的统计年限为1961—2013年,热带气旋资料的统计年限为1949—2013年。

2.1.2.1 番禺气象站

番禺气象站建于1959年8月1日,位于番禺县[1]市桥镇郊崩砂岗,2003年1月1日迁至广州市番禺区沙头街横江村景观大道5号。其沿革见表2-3。

番禺气象站沿革   表2-3

时间	经度	纬度	测场海拔(m)	风仪高度(m)	地址	环境
1959-08-01—1959-08-31	113°22′E	22°57′N	2.6	11.4	市桥镇郊崩砂岗	郊外
1959-09-01—1960-04-30	113°22′E	22°57′N	2.6	11.8	市桥镇郊崩砂岗	郊外
1960-05-01—1960-07-31	113°22′E	22°57′N	2.6	11.4	市桥镇郊崩砂岗	郊外
1960-08-01—1960-09-30	113°22′E	22°57′N	2.6	10.8	市桥镇郊崩砂岗	郊外
1960-10-01—1961-08-31	113°22′E	22°57′N	2.6	11.8	市桥镇郊崩砂岗	郊外
1961-09-01—1961-10-31	113°22′E	22°57′N	2.6	11.3	市桥镇郊崩砂岗	郊外
1961-11-01—1964-06-28	113°22′E	22°57′N	2.6	11.8	市桥镇郊崩砂岗	郊外
1964-06-29—1967-10-31	113°22′E	22°57′N	2.6	11.1	市桥镇郊崩砂岗	郊外
1967-12-01—1969-09-30	113°22′E	22°57′N	2.6	11.1	市桥镇郊崩砂岗	郊外
1969-10-01—1973-01-26	113°22′E	22°57′N	2.6	10.5	市桥镇郊崩砂岗	郊外
1973-01-27—1997-02-19	113°22′E	22°57′N	13.9	10.5	市桥镇郊崩砂岗	郊外

---

[1] 番禺县,今广州市番禺区。

续上表

时间	经度	纬度	测场海拔(m)	风仪高度(m)	地址	环境
1997-02-20—2002-12-31	113°22′E	22°57′N	13.9	10.5	市桥镇郊崩砂岗	市郊
2003-01-01 至今	113°19′E	22°56′N	12.3	11.0	沙头街横江村景观大道5号	市郊

注：1967年11月番禺气象站暂停观测，1967年11月全月无资料。

番禺气象站采用的测风仪先后有维尔德测风器（重型）、EL型电接风向风速计、EN型测风数据处理仪等。1959年为定时（4次/d）观测，1960—1979年为定时（3次/d）观测，1980年至今为逐时（24次/d）观测。其记录方式为：定时测风记录为正点前2min平均风速、最多风向，最大值取自3次或4次观测值；逐时测风记录为正点前10min平均风速和最多风向，最大值从每个10min平均风速中选出。

2.1.2.2 深圳气象站

深圳气象站建于1952年7月1日，位于宝安县[1]深圳镇国民路25号；2006年1月1日至今位于深圳市福田区竹子林四路园博园内。其沿革见表2-4。

深圳气象站沿革　　表2-4

时间	经度	纬度	测场海拔(m)	风仪高度(m)	地址	环境
1952-07-01—1953-10-31	114°07′E	22°32′N	7.7	—	深圳镇国民路25号	郊外
1953-11-01—1954-07-31	114°06′E	22°33′N	18.2	6.9	深圳镇蔡屋围村	镇郊
1954-08-01—1954-12-31	114°06′E	22°33′N	18.2	14.0	深圳镇蔡屋围村	镇郊
1955-01-01—1963-06-30	114°06′E	22°33′N	18.2	13.9	深圳镇蔡屋围村	镇郊
1963-07-03—1967-12-31	114°06′E	22°33′N	18.2	12.0	深圳镇蔡屋围村	镇郊
1968-01-01—1970-12-31	114°06′E	22°33′N	18.2	10.5	解放路广场北街13号	镇郊
1971-01-01—1982-06-18	114°06′E	22°33′N	18.2	10.5	解放路广场北街13号	镇郊
1982-06-19—1982-12-31	114°06′E	22°33′N	18.2	15.8	解放路广场北街13号	市区
1983-01-01—1986-07-31	114°06′E	22°33′N	18.2	15.9	解放路广场北街13号	市区
1986-08-01—2005-12-31	114°06′E	22°33′N	18.2	15.9	解放路广场北街13号	市区
2006-01-01 至今	114°00′E	22°32′N	63.0	10.0	福田区竹子林四路园博园内	市区

深圳气象站采用的测风仪器先后为维尔德测风器（重型）、EL型电接风向风速计、EN型测风数据处理仪等。1953—1970年为定时（4次/d）观测，1971年至今为逐时（24次/d）观测。

---

[1] 宝安县，今深圳市宝安区、龙岗区。

其记录方式为:定时测风记录为正点前 2min 平均风速、最多风向,最大值自 4 次观测值中选出;逐时风速记录为正点前 10min 平均风速,逐时风向为正点前 10min 最多风向,最大风速为随机出现的 10min 平均最大值风速。

2.1.2.3 中山气象站

中山气象站建于 1954 年 7 月 1 日,位于中山县❶沙朗乡粤中行署农场内,2006 年 1 月 1 日至今位于中山市博爱路紫马岭公园。其沿革见表 2-5。

中山气象站沿革　　　　表 2-5

时间	经度	纬度	测场海拔(m)	风仪高度(m)	地址	环境
1954-07-01—1955-04-26	113°21′E	22°24′N	2.1	13.0	沙朗乡粤中行署农场内	郊外
1955-04-27—1955-11-30	113°21′E	22°24′N	2.1	13.2	沙朗乡粤中行署农场内	郊外
1955-12-01—1959-04-14	113°21′E	22°35′N	1.2	13.1	沙朗乡粤中行署农场内	郊外
1959-04-15—1960-12-31	113°21′E	22°32′N	1.1	12.0	石岐镇西郊长洲老师围署农场内	郊外
1961-01-01—1961-03-31	113°21′E	22°32′N	1.1	12.5	石岐镇西郊长洲老师围署农场内	郊外
1961-04-01—1961-04-26	113°21′E	22°32′N	1.1	12.0	石岐镇西郊长洲老师围署农场内	郊外
1961-04-27—1963-09-12	113°21′E	22°32′N	1.1	11.7	石岐镇西郊长洲老师围署农场内	郊外
1963-09-13—1967-12-23	113°21′E	22°32′N	1.1	11.3	石岐镇西郊长洲老师围署农场内	郊外
1967-12-24—1993-06-30	113°21′E	22°32′N	1.1	10.8	石岐镇西郊长洲老师围署农场内	郊外
1993-07-01—1995-02-28	113°21′E	22°32′N	1.1	10.8	石岐镇西郊长洲老师围署农场内	郊外
1995-03-01—2003-02-17	113°21′E	22°32′N	2.4	10.8	富华道 213 号	市区
2003-02-18—2003-02-28	113°21′E	22°32′N	2.4	31.1	富华道 213 号	市区
2003-03-01—2005-12-31	113°21′E	22°32′N	2.9	31.1	富华道 213 号	市区
2006-01-01 至今	113°24′E	22°30′N	33.7	10.9	博爱路紫马岭公园	郊外

中山气象站采用的测风仪先后有维尔德测风器(重型)、EL 型电接风向风速计、EN 型测风数据处理仪等。1960 年 8 月 1 日—1964 年 12 月 31 日为定时(3 次/d)观测,1954 年 12 月 1 日—1960 年 7 月 31 日和 1965 年 1 月 1 日—1979 年 12 月 31 日为定时(4 次/d)观测,1980 年至今

---

❶ 中山县,今中山市。

为逐时(24次/d)观测。其记录方式为:定时测风记录为正点前2min平均风速、最多风向,最大值取自3次或4次观测值;逐时测风记录为正点前10min平均风速和最多风向,最大值从每个10min平均风速中选出。

2.1.2.4 珠海气象站

珠海气象站建于1961年。1961年9月1日—1975年7月31日位于珠海县香洲镇[1]湾崀沙北郊,1975年8月1日至今位于珠海市香洲区烟墩山,观测环境优良。其沿革见表2-6。

珠海气象站沿革　　　　　　　　　　　　　　　　　　　　　　表2-6

时间	经度	纬度	测场海拔(m)	风仪高度(m)	地址	环境
1961-09-01—1963-02-26	113°35′E	22°17′N	4.2	12.9	珠海县香洲镇湾崀沙北郊	郊外
1963-02-27—1964-09-08	113°35′E	22°17′N	4.2	13.1	珠海县香洲镇湾崀沙北郊	郊外
1964-09-09—1968-05-20	113°35′E	22°17′N	4.2	11.5	珠海县香洲镇湾崀沙北郊	郊外
1968-05-21—1975-07-31	113°35′E	22°17′N	4.2	10.5	珠海县香洲镇湾崀沙北郊	郊外
1975-08-01—1976-02-29	113°35′E	22°17′N	54.0	8.3	珠海市香洲区烟墩山	山顶
1976-03-01至今	113°35′E	22°17′N	54.0	10.0	珠海市香洲区烟墩山	山顶

珠海气象站采用EL型电接风向风速计测风。1961—1980年为定时(3次/d)观测,1980年至今为逐时(24次/d)观测。其记录方式为:定时测风记录为正点前2min平均风速、最多风向,最大值取自4次观测值;逐时测风记录为正点前10min平均风速和最多风向,最大值从滑动10min平均风速中选出。

2.2 平均风场参数分析

2.2.1 风速

计算了深中通道桥位测风塔平均风场各月的平均风速、最大风速(10min平均)和极大风速(3s阵风),结果见图2-2~图2-4。观测期间(2012年6月15日—2014年11月30日),深中通道测风塔距地面10m、30m、60m、80m、90m高度的平均风速分别为3.7m/s、4.6m/s、5.0m/s、5.0m/s、5.1m/s,依次递增,符合风速随高度增大的规律。观测期间最大风速为27.8m/s,出现在2012年7月24日90m高度层;极大风速为37.8m/s,出现在2014年5月11日90m高度层。从累年各月平均风速来看,12月和6月分别受冷空气和热带气旋影响,平

---

[1] 珠海县香洲镇,今为珠海市香洲区。

均风速最大;3月、4月无热带气旋影响,南下的冷空气过程也偏弱,月平均风速最小。从各月最大风速和极大风速来看,最大风速出现在2012年7月24日,由在台山登陆的1208号台风"韦森特"影响造成;极大风速出现在2014年5月11日,由当时影响珠三角地区的大范围暴雨强对流天气影响造成。

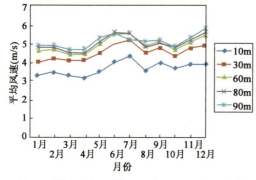

图 2-2　深中通道测风塔 2013 年 1—12 月平均风速

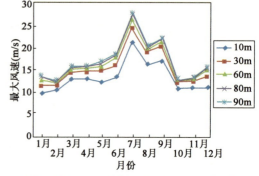

图 2-3　深中通道测风塔 2013 年 1—12 月最大风速

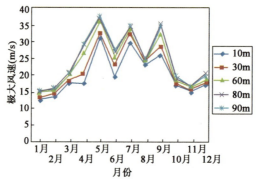

图 2-4　深中通道测风塔 2013 年 1—12 月极大风速

2.2.2　风向

观测期间(2012年6月15日—2014年11月30日),平均风场各层风向变化基本一致,观测年度主导风向为东南偏南风(SSE),其次为北风(N)和西北偏北风(NNW)。

由各月风玫瑰图可见,1月主导风向为西北偏北风(NNW);2月为西北偏北风(NNW)和北风(N),东风(E)～南风(S)扇区的风也占一定比例;3月主导风向转变为东南偏南风(SSE);4月的风向主要集中在东风(E)～南风(S)扇区;5—7月的主导风向均为东南偏南风(SSE);8月风向主要集中在东南风(SE)～西南偏南风(SSW)扇区,其中东南偏南风(SSE)所占比例最大;9月各方位风向均有出现,其中东南偏南风(SSE)、东风(E)和北风(N)相对偏多;10月和11月以北风(N)为主,东风(E)也占一定比例;12月主导风向为西北偏北风(NNW)和北风(N)。详见表2-7～表2-11。

平均场10m高度各月风向频率(单位:%)　　　　　　　　　　　　表2-7

月份	风向															
	N	NNE	NE	ENE	E	ESE	SE	SSE	S	SSW	SW	WSW	W	WNW	NW	NNW
1月	14.5	8.7	3.1	3.8	6.0	3.0	4.8	4.3	4.5	3.0	2.4	0.6	1.3	9.5	13.8	16.5
2月	14.5	3.9	1.9	3.6	6.4	4.3	8.6	9.6	7.5	4.8	1.1	0.9	1.6	6.2	10.7	14.5
3月	10.9	6.5	3.1	5.1	9.5	7.2	9.2	13.2	11.4	4.0	1.9	1.2	0.9	3.0	5.2	7.6
4月	7.2	4.4	4.1	4.5	11.7	7.0	17.2	14.9	7.5	3.9	1.0	0.6	1.2	2.7	5.1	7.2
5月	5.5	5.4	4.0	4.5	9.1	7.0	15.5	23.9	10.8	6.7	1.5	0.7	0.7	0.7	2.1	2.1
6月	1.8	2.8	3.7	3.7	6.4	6.1	14.6	21.0	19.2	8.7	1.2	1.1	2.7	2.2	3.2	
7月	1.2	2.4	2.4	4.6	8.5	11.4	16.1	18.8	13.3	7.2	4.1	3.2	2.0	2.7	1.6	0.7
8月	1.5	2.3	2.8	3.1	5.6	6.2	11.5	15.2	13.5	12.1	6.0	4.3	3.5	6.2	3.2	3.0
9月	11.2	7.1	6.1	6.1	10.3	9.2	10.7	10.9	5.6	2.6	2.4	1.7	1.7	4.7	3.6	6.4
10月	14.7	10.8	6.5	5.9	10.4	7.8	5.7	3.8	6.3	2.2	1.3	0.7	0.9	5.2	5.5	12.3
11月	19.2	12.2	4.0	4.0	9.2	3.9	5.3	3.4	2.6	2.1	1.1	1.2	1.0	7.5	8.4	15.0
12月	24.5	8.6	1.6	2.8	2.5	1.3	1.6	2.0	1.0	0.5	0.7	0.3	1.0	8.2	18.5	24.8
平均	10.2	6.3	3.7	4.4	8.1	6.5	10.1	11.6	8.7	4.9	2.3	1.5	1.5	5.0	6.2	9.0

平均场30m高度各月风向频率(单位:%)　　　　　　　　　　　　表2-8

月份	风向															
	N	NNE	NE	ENE	E	ESE	SE	SSE	S	SSW	SW	WSW	W	WNW	NW	NNW
1月	13.4	9.1	3.9	3.4	6.3	3.5	4.5	4.6	5.7	2.0	0.7	0.9	1.1	8.1	14.6	18.1
2月	13.3	3.9	3.7	3.0	6.3	4.2	7.1	9.1	9.9	4.7	1.0	1.0	0.9	5.8	11.9	14.2
3月	8.1	5.6	3.6	4.7	7.9	7.4	9.1	12.4	13.0	6.0	4.0	1.2	0.6	2.4	4.7	9.2
4月	5.0	5.0	4.0	4.4	12.5	7.9	15.2	12.5	11.4	3.1	1.1	0.7	2.2	5.6	7.6	
5月	5.2	5.4	4.2	4.0	9.5	8.7	16.3	22.2	12.6	4.6	1.2	0.6	0.5	0.8	2.3	1.9
6月	1.8	2.7	3.9	3.4	6.2	7.4	15.4	22.5	20.2	5.0	1.8	0.9	0.7	2.0	2.6	3.5
7月	1.0	2.5	2.7	4.5	8.5	12.5	17.8	18.6	13.0	6.2	3.7	2.6	1.5	2.2	1.8	0.9
8月	1.5	2.1	3.1	3.0	6.0	6.8	12.3	15.7	15.2	10.7	4.8	4.0	2.9	4.5	3.9	3.4
9月	10.9	7.8	6.7	5.7	10.8	9.9	10.6	10.8	4.7	2.5	2.1	1.7	1.6	2.5	5.1	6.6
10月	14.2	11.0	6.9	5.9	10.9	7.4	5.0	4.4	6.4	2.0	1.1	0.7	0.4	3.0	7.5	13.3
11月	18.8	11.9	4.8	4.0	9.3	4.3	4.4	3.7	3.4	1.2	1.1	0.8	0.6	5.8	9.4	16.6
12月	24.1	9.2	2.5	2.4	2.7	1.0	1.8	1.9	1.3	0.7	0.3	0.2	0.4	5.7	18.3	27.4
平均	9.5	6.4	4.3	4.1	8.2	7.0	10.0	11.5	9.7	4.2	2.1	1.5	1.1	3.7	6.9	9.8

平均场 60m 高度各月风向频率（单位:%）　　表 2-9

月份	风向															
	N	NNE	NE	ENE	E	ESE	SE	SSE	S	SSW	SW	WSW	W	WNW	NW	NNW
1月	14.1	11.0	4.7	3.9	8.1	3.8	4.4	5.4	6.1	1.2	0.1	0.0	0.1	4.2	13.3	19.4
2月	14.3	5.4	2.8	3.2	7.2	5.7	8.1	8.1	9.9	3.3	0.9	0.4	0.7	4.5	10.5	15.0
3月	9.2	8.5	3.4	5.7	10.9	8.8	9.5	14.9	12.7	1.6	0.3	0.1	0.3	1.1	5.2	7.1
4月	7.1	5.5	3.3	5.3	13.8	8.3	14.0	13.5	10.9	2.9	0.6	0.5	0.9	1.7	4.7	6.7
5月	4.3	6.2	3.5	4.0	9.2	8.4	12.5	23.9	13.9	6.8	1.6	0.5	0.2	0.9	1.5	1.8
6月	1.7	2.9	3.4	3.3	6.7	6.4	13.3	22.0	21.9	8.0	1.3	1.0	0.5	1.2	2.9	3.3
7月	1.0	2.5	2.3	4.7	8.2	10.9	16.8	21.1	13.5	7.0	3.1	2.5	1.8	1.8	2.3	0.5
8月	1.8	1.8	2.9	3.2	5.7	5.7	11.8	17.3	14.5	11.8	5.0	3.5	2.8	3.9	4.2	4.0
9月	10.5	8.5	6.2	5.4	11.6	8.9	10.3	11.9	5.7	2.6	2.0	1.4	1.1	2.3	4.7	6.8
10月	14.9	11.7	6.7	6.2	10.8	7.9	5.0	4.5	7.2	1.8	1.1	0.3	0.3	1.2	6.9	13.5
11月	18.9	13.7	4.9	4.7	9.7	4.2	4.2	4.6	3.4	1.8	0.5	0.2	0.2	2.8	9.4	16.4
12月	25.3	12.0	3.5	3.0	2.9	1.3	1.3	2.2	1.8	0.4	0.2	0.3	0.0	2.0	14.2	29.5
平均	10.0	7.4	4.1	4.5	8.8	6.8	9.4	12.5	10.1	4.3	1.6	1.0	0.8	2.3	6.4	9.9

平均场 80m 高度各月风向频率（单位:%）　　表 2-10

月份	风向															
	N	NNE	NE	ENE	E	ESE	SE	SSE	S	SSW	SW	WSW	W	WNW	NW	NNW
1月	13.9	13.8	6.0	4.1	8.0	5.0	4.2	5.5	6.0	1.0	0.1	0.1	0.0	1.1	13.2	17.8
2月	15.7	7.1	2.5	3.9	6.4	7.1	6.7	9.0	10.0	3.9	1.0	0.3	0.2	1.7	10.1	14.4
3月	7.9	10.7	3.2	5.2	9.4	11.5	8.0	15.5	12.6	3.2	0.3	0.1	0.2	0.3	4.3	7.5
4月	7.8	6.3	2.6	5.4	12.8	9.3	13.1	12.9	12.5	3.9	0.6	1.2	1.1	1.1	3.8	6.5
5月	3.5	5.8	4.3	4.4	8.4	7.9	11.0	21.3	16.4	9.6	1.9	0.9	0.4	0.7	1.6	2.0
6月	2.1	3.0	2.9	3.1	6.4	6.6	10.8	21.0	22.7	11.4	1.7	0.8	0.5	1.2	2.5	3.4
7月	0.7	2.6	2.0	4.0	7.4	9.5	15.4	22.8	14.7	8.2	3.3	2.8	1.7	1.8	2.6	0.6
8月	1.8	1.7	3.1	3.0	5.4	5.7	9.5	17.1	15.6	11.9	5.8	3.9	3.2	3.5	4.6	4.2
9月	9.1	10.1	5.5	6.0	10.9	9.2	9.7	12.0	7.3	3.3	1.6	1.7	0.7	1.6	3.4	7.8
10月	15.0	13.0	7.2	6.0	10.2	8.9	4.8	4.6	7.5	2.0	0.9	0.3	0.3	0.8	4.5	13.9
11月	19.3	14.8	5.6	5.0	9.4	4.8	4.7	4.7	3.4	1.8	0.6	0.2	0.2	1.9	8.0	15.6
12月	26.0	16.2	4.5	3.3	3.5	1.6	1.2	1.7	1.9	0.5	0.1	0.2	0.0	0.6	10.4	27.8
平均	9.9	8.6	4.2	4.5	8.2	7.3	8.4	12.5	10.9	5.2	1.7	1.2	0.8	1.5	5.5	9.7

平均场90m高度各月风向频率(单位:%) 表2-11

月份	风向															
	N	NNE	NE	ENE	E	ESE	SE	SSE	S	SSW	SW	WSW	W	WNW	NW	NNW
1月	14.7	12.3	6.6	3.8	8.1	4.8	4.2	6.3	5.4	0.5	0.1	0.0	0.1	3.1	12.5	17.5
2月	15.6	5.7	2.7	4.1	7.4	6.6	6.8	9.1	9.4	2.9	1.3	0.1	0.5	3.1	10.3	14.4
3月	8.7	9.0	3.7	5.8	11.0	9.9	8.5	16.0	11.8	2.4	0.2	0.1	0.1	0.7	4.9	7.3
4月	7.8	6.0	3.2	5.8	13.3	8.9	13.2	13.5	11.7	3.1	0.6	0.6	0.6	1.3	5.1	5.3
5月	3.7	5.4	4.5	3.8	9.3	7.2	12.0	22.3	16.0	7.9	2.1	1.0	0.7	0.8	1.5	1.9
6月	2.1	4.8	3.3	3.2	6.4	6.1	10.3	24.0	21.9	7.5	1.9	0.5	1.4	2.5	3.4	
7月	0.9	2.6	2.2	4.2	8.3	9.8	16.3	20.3	15.9	7.0	3.2	2.6	2.0	2.0	2.1	0.8
8月	1.8	2.1	2.6	3.0	5.2	5.7	9.6	15.8	16.9	12.2	5.7	4.0	3.1	4.2	4.1	4.0
9月	9.6	9.8	5.4	6.1	10.7	8.4	10.2	12.1	8.1	2.8	1.6	1.3	1.0	1.8	3.3	8.0
10月	14.9	12.7	6.6	6.0	10.6	8.4	4.9	5.1	7.1	1.6	0.8	0.3	0.4	1.0	4.9	14.4
11月	19.4	14.1	5.3	5.0	9.8	4.3	4.8	4.7	3.5	1.0	0.4	0.2	0.3	2.6	7.9	16.0
12月	27.6	13.9	4.6	3.1	3.7	1.6	1.4	2.6	1.4	0.3	0.1	0.1	0.0	1.6	10.9	27.0
平均	10.2	8.2	4.3	4.5	8.6	6.9	8.7	12.6	10.8	4.4	1.7	1.1	0.9	2.0	5.5	9.7

2.2.3 风剖面廓线

2.2.3.1 平均风况

图2-5是2012年6月15日—2014年11月30日深中通道测风塔的平均风速廓线。根据各层风速的实测值,利用最小二乘法计算得到其地表粗糙度系数为0.154。从图中看出,平均风速随高度逐层递增,风剖面廓线基本符合幂指数规律。

2.2.3.2 大风状况

由于工程抗风计算更关注大风状况时的特性,在此,将深中通道测风塔距地面10m高度10min平均风速大于或等于13.9m/s(7级风)定义为大风过程。在本项目观测期间(2012年6月15日—2014年11月30日)的记录中出现了159个7级以上大风样本,分别出现在2012年7月21—24日、2013年8月14—15日和2014年9月16日,主要为台风外围环流或强对流天气影响的结果。根据大风样本平均值,采用最小二乘法拟合得到平均大风状况的地表粗糙度系数 α 为0.112,由图2-6可见实测风速廓线与拟合风速廓线基本吻合,风速廓线符合幂指数规律。

珠海三角岛测风塔位于本项目桥位南面约50km处,塔高60m;东莞沙田镇测风塔位于本项目桥位北面约35km处的珠江岸边,塔高80m。

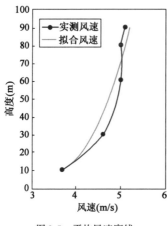
图 2-5　平均风速廓线

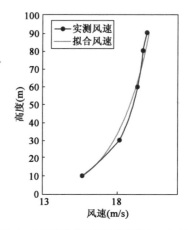
图 2-6　大风状况的平均风速廓线（α=0.112）

珠海三角岛测风塔所在区域的地表粗糙度系数为 0.10，东莞沙田镇测风塔所在区域的地表粗糙度系数为 0.12。本项目桥位位于珠江口海岸边，其周边水域面积相对位于珠江口海面的珠海三角岛要小，但相对东莞沙田镇测风塔所在位置要大，因此，地表粗糙度系数取 0.112 介于两者之间是合理的。

2.2.4　大风天数

统计方法一：根据深中通道测风塔逐 10min 内极大风速（3s 阵风）实测数据，若某小时内 6 个极大风速中有一个超过某级大风，则算为该级大风的一个小时，由累计小时数计算得到天数。统计了 2012 年 6 月 15 日—2014 年 11 月 30 日测风塔距地面各高度各级大风的逐月平均天数，见表 2-12～表 2-14。

测风塔各高度 6 级以上大风天数（统计方法一）（单位：d）　　表 2-12

高度 (m)	月份												
	1月	2月	3月	4月	5月	6月	7月	8月	9月	10月	11月	12月	合计
10	0.3	1.2	0.9	0.8	1.2	1.5	2.5	2.3	1.4	0.4	1.6	2.8	16.7
30	0.8	2.0	1.4	1.3	2.3	2.8	3.7	3.0	2.1	1.0	2.5	3.7	26.6
60	1.4	2.7	1.9	1.6	3.6	4.0	4.2	3.3	2.4	1.4	3.3	4.2	34.0
80	1.9	2.7	1.9	1.9	3.9	4.3	4.2	3.5	2.5	1.5	3.4	4.5	36.2
90	1.8	2.8	2.0	1.8	3.6	4.1	4.2	3.6	2.5	1.6	3.4	4.6	36.0

测风塔各高度 8 级以上大风天数（统计方法一）（单位：d）　　表 2-13

高度 (m)	月份												
	1月	2月	3月	4月	5月	6月	7月	8月	9月	10月	11月	12月	合计
10	0	0	0	0	0.1	0.1	0.3	0.4	0.3	0	0	0	1.2
30	0	0	0.1	0	0.2	0.2	0.6	0.6	0.5	0	0	0.2	2.4

续上表

高度(m)	月份												合计
	1月	2月	3月	4月	5月	6月	7月	8月	9月	10月	11月	12月	
60	0	0	0.1	0.1	0.3	0.3	0.6	0.7	0.5	0	0	0.3	2.9
80	0	0	0.1	0.1	0.3	0.3	0.7	0.7	0.5	0	0	0.3	3.0
90	0	0	0.1	0.1	0.3	0.2	0.7	0.7	0.6	0	0	0.3	3.0

测风塔各高度10级以上大风天数(统计方法一)(单位:d)　　表2-14

高度(m)	月份												合计
	1月	2月	3月	4月	5月	6月	7月	8月	9月	10月	11月	12月	
10	0	0	0	0	0	0	0.1	0	0	0	0	0	0.1
30	0	0	0	0	0	0	0.1	0	0	0	0	0	0.1
60	0	0	0	0	0	0	0.1	0	0.1	0	0	0	0.2
80	0	0	0	0	0	0	0.2	0	0.1	0	0	0	0.3
90	0	0	0	0	0	0	0.2	0	0.1	0	0	0	0.3

观测期间,深中通道测风塔距地面10m、30m、60m、80m和90m高度6级以上的年平均大风天数分别为16.7d、26.6d、34.0d、36.2d和36.0d;8级以上的年平均大风天数分别为1.2d、2.4d、2.9d、3.0d和3.0d;10级以上的年平均大风天数分别为0.1d、0.1d、0.2d、0.3d和0.3d。

统计方法二:根据气象行业常规大风天数统计方法,利用日极大风速(3s阵风)实测数据统计6、8、10级大风的各月平均出现天数,见表2-15~表2-17。结果显示,观测期间深中通道测风塔距地面10m、30m、60m、80m和90m高度6级以上的年平均大风天数分别为88.7d、132.5d、148.2d、152.9d和157.8d;8级以上的年平均大风天数分别为9.5d、17.6d、21.1d、23.8d和24.5d;10级以上的年平均大风天数分别为1.2d、1.2d、2.4d、3.2d和3.1d。

测风塔各高度6级以上大风天数(统计方法二)(单位:d)　　表2-15

高度(m)	月份												合计
	1月	2月	3月	4月	5月	6月	7月	8月	9月	10月	11月	12月	
10	3.5	5.0	6.0	6.0	11.5	13.2	10.0	10.0	5.0	4.0	7.0	7.5	88.7
30	6.5	9.0	8.0	9.5	17.0	17.2	16.3	13.3	9.7	7.0	9.0	10.0	132.5
60	8.0	11.0	9.5	10.5	18.5	20.0	17.3	14.3	9.7	8.0	10.3	11.0	148.2
80	9.5	10.5	10.0	12.0	18.0	19.6	17.3	15.3	10.3	8.3	10.0	12.0	152.9
90	9.5	10.5	10.0	13.5	20.5	20.8	17.7	15.3	10.0	8.0	10.0	12.0	157.8

测风塔各高度 8 级以上大风天数(统计方法二)(单位:d)　　　　表 2-16

高度(m)	月份												合计
	1月	2月	3月	4月	5月	6月	7月	8月	9月	10月	11月	12月	
10	0	0	0.5	0.5	1.5	1.2	1.7	2.3	1.0	0.3	0	0.5	9.5
30	0	0	1.0	1.0	3.0	2.8	3.7	4.0	1.3	0.3	0	0.5	17.6
60	0	0	1.5	1.5	3.5	3.6	4.0	4.0	1.7	0.3	0	1.0	21.1
80	0	0	1.5	3.0	4.0	3.6	4.7	4.0	1.7	0.3	0	1.0	23.8
90	0	0	2.0	3.5	4.0	4.0	4.3	3.7	1.7	0.3	0	1.0	24.5

测风塔各高度 10 级以上大风天数(统计方法二)(单位:d)　　　表 2-17

高度(m)	月份												合计
	1月	2月	3月	4月	5月	6月	7月	8月	9月	10月	11月	12月	
10	0	0	0	0.5	0	0.3	0	0.3	0	0	0	0	1.2
30	0	0	0	0	0.5	0	0.3	0	0.3	0	0	0	1.2
60	0	0	0	0.5	0.5	0	0.3	0	0.7	0	0	0	2.4
80	0	0	0	0.5	1.0	0	0.7	0	0.7	0	0	0	3.2
90	0	0	0	0.5	0.5	0.4	0.7	0.3	0.7	0	0	0	3.1

大风天气主要由强对流、台风天气和冷空气过程影响造成,6 级以上大风天气在各月均有出现,8 级和 10 级以上大风天气则主要出现在 4—9 月。

2.2.5　各方位各级风速出现频率

统计深中通道桥面高度(80m)各方位各级大风(10min 时距内的 3s 阵风)出现频率,见图 2-7。可见 6 级以上大风主要出现在西北偏北风至东北偏北风扇区(NNW~NNE)和东南偏南风(SSE)方位,8 级以上阵风主要出现在东南偏东风(ESE)和东南风(SE)方位,10 级以上大风集中在东南风至东北风扇区(SE~NE)和西风(SW)方位。

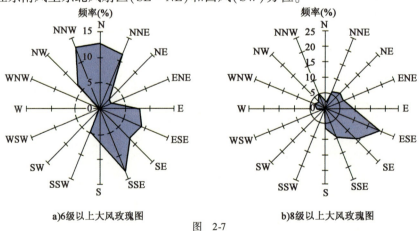

a) 6 级以上大风玫瑰图　　　　　b) 8 级以上大风玫瑰图

图 2-7

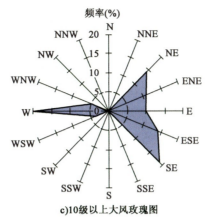

c) 10级以上大风玫瑰图

图2-7 深中通道桥面高度(80m)各级大风风向玫瑰图(风速单位:m/s)

2.3 脉动风场参数分析

2.3.1 基础数据处理

将超声风速仪记录的所有原始数据按10min时距分割成多个子样本,每个子样本均有$10Hz \times 600s = 6000$组三维风速风向记录。

剔除无效数据和异常数据,包括异常脉冲信号及超过4倍标准差的"野点"。

将有效数据完整率达95%的样本作为一个子样。

2.3.2 台风大风过程分析

2012年6月—2014年11月现场观测期间,对深中通道区域有影响的热带气旋过程包括1208号强热带风暴"杜苏芮"、1208号台风"韦森特"、1213号台风"启德"、1306号强热带风暴"温比亚"、1311号强台风"尤特"、1319号强台风"天兔",其中1208号台风"韦森特"和1319号强台风"天兔"对深中通道区域影响较大。"韦森特"中心路径距离深中通道约70km,"天兔"中心路径距离深中通道约60km,台风外围给工程区域带来较大风速。选取"韦森特"和"天兔"影响期间安装在测风塔距地面80m高度的超声测风仪的观测资料进行分析。

1208号台风"韦森特"生成于菲律宾以东洋面,2012年7月20日08时加强为热带低压,21日23时加强为热带风暴,22日17时加强为强热带风暴,23日10时加强为台风,并于24日04时15分在台山市赤溪镇登陆,登陆后向西北偏西移动。24日上午在广东新兴境内减弱为强热带风暴,中午前后从信宜进入广西境内,并减弱为热带风暴,夜间在广西境内减弱为热带低压并继续西行。受其影响,23—24日广东沿海和海面均出现了11~13级的大风,珠江三角洲、粤西和粤东地区普降暴雨到大暴雨,局部特大暴雨。

1319号强台风"天兔"于2013年9月22日19时40分在汕尾市沿海地区登陆,登陆时中心附近最大风力14级(45m/s)。登陆后继续向西北偏西方向移动。受其影响,粤东和珠江三角洲普降暴雨到大暴雨,粤东沿海普遍出现11~13级大风,强台风"天兔"具有"大风威力极强、影响范围极广、持续时间极长"的特点,是1975年以来登陆粤东最强的台风。

2.3.2.1 台风强风代表性分析

研究台风边界层脉动风场对桥梁等大型结构的影响,主要是研究台风过程的强风时段的脉动风场特性。根据热带气旋等级划分标准和台风系统的风场结构特点,判断台风核心强风区域是否经过观测点的条件为同时满足以下两点:①台风过程出现的大风(10min平均风速≥17.2m/s)风速时程曲线呈M形双峰分布,双峰之间的底部出现小于11m/s(5级)的风速(近地层),为台风眼区;②台风过程大风(10min平均风速≥17.2m/s)风向角发生大幅度的连续转换。依据上述台风强风数据代表性判别条件,对深中通道测风塔记录的台风"韦森特"的过程数据进行判别。

台风"韦森特"中心路径距离桥位约70km,登陆后强度减弱。在深中通道测风塔观测到的为"韦森特"外围环流影响产生的大风,对台风强风的代表性不充分,但是影响风速较大,具有一定的参考价值。选取2012年7月23日08:30—24日19:40的超声风速仪观测资料,分析其脉动风特性。

强台风"天兔"中心路径距离桥位约60km,登陆点汕尾距离观测点较远,登陆后强度减弱。在深中通道测风塔观测到的为"天兔"外围环流影响产生的大风,对台风强风的代表性不充分,但仍具有一定的参考价值。选取2013年9月22日13:30—23日7:30的超声风观测资料,分析其脉动风特性。

2.3.2.2 风速和风向

台风"韦森特"期间,测风塔80m高度的风速和风向变化过程见图2-8。由于"韦森特"中心路径距离观测塔相对较远,在观测塔位置未出现典型台风风速过程特征(M形双峰)。过程风向开始为东北风,其风速在10m/s以上波动;21:20达到8级,风向转为东风,之后风速逐渐增大;24日02:10达到最大,之后风速逐渐减小;12:10后,风速开始小于8级,风向逐渐偏转为东南风;然后风速继续减小,风向保持在东南风方向。测风塔80m高度记录到的"韦森特"过程最大10min平均风速为27.3m/s,最大瞬时风速为34.7m/s,均出现在24日02:10。"韦森特"中心登陆时(04:15)观测到的10min平均风速为24.7m/s。

强台风"天兔"期间,测风塔80m高度的风速和风向变化过程见图2-9。由于"天兔"中心路径距离观测塔相对较远,在观测站位置未出现典型台风风速过程特征(M形双峰)。过程风向开始为西南风,在10m/s左右波动;22:00达到8级,风向转为东南偏南风,之后风速在8级左右波动;24日01:20之后,风速逐渐减弱;02:30以后,风速在11m/s左右波动,风向逐渐偏转为东风。测风塔80m高度记录到的"天兔"过程最大10min平均风速为19.2m/s,出现在23日22:00,最大瞬时风速为32.4m/s,出现在24日01:10。

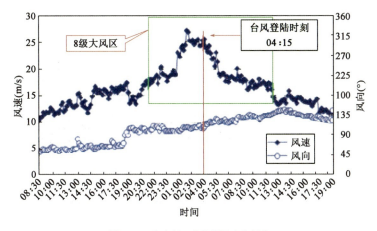

图 2-8 "韦森特"过程的风速和风向

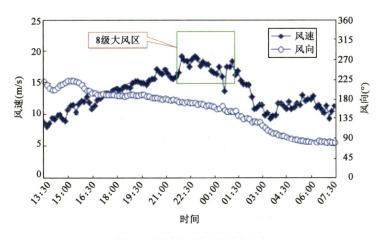

图 2-9 "天兔"过程的风速和风向

2.3.2.3 风攻角

风攻角指风的来流方向与水平面的夹角。风攻角对建筑结构物特别是柔性结构物的影响比较突出,其长期作用会加速或加重结构的疲劳损坏;强风时,风攻角的改变可能对结构造成突然损伤甚至破坏。风攻角主要由不均匀的地形致使气流强迫抬升或下沉而产生,另外,不同的天气系统,尤其是涡旋结构的强烈天气系统(如热带气旋、龙卷风等)也可以导致风攻角的变化。在"韦森特"过程中,80m 高度 8 级以上大风的风攻角平均值为 0.9°,风攻角在 0.2°~1.7°范围内变化,过程中无负风攻角,最大正风攻角为 1.7°,对应 10min 平均风速为 17.8m/s,对应风向为 99.9°(东风);8 级以上大风过程(23 日 21:20—24 日 12:10)中,风攻角均为正,波动幅度不大(图 2-10 和图 2-11)。

在"天兔"过程中,80m 高度 8 级以上大风的风攻角平均值为 -0.4°,风攻角在 -1.3°~0.4°范围内变化,最大负风攻角为 -1.3°,对应 10min 平均风速为 18.8m/s,对应风向为 166.8°(东南偏南风);8 级以上大风过程(22 日 22:00—23 日 01:10)中,风攻角多为负值,波动幅度不大(图 2-12 和图 2-13)。

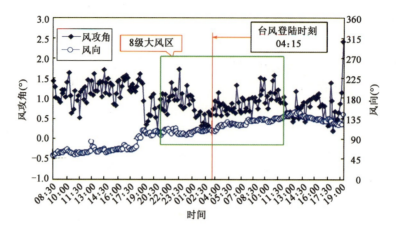

图 2-10 "韦森特"过程的风攻角及对应的风向

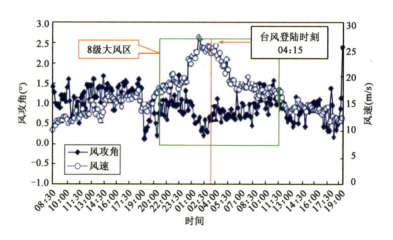

图 2-11 "韦森特"过程的风攻角及对应的风速

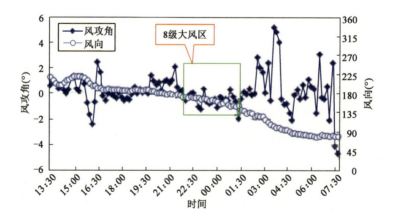

图 2-12 "天兔"过程的风攻角及对应的风向

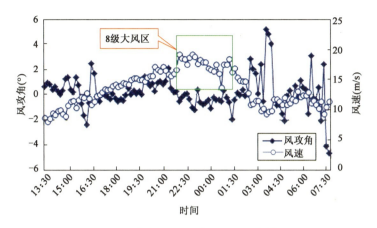

图 2-13 "天兔"过程的风攻角及对应的风速

2.3.2.4 湍流强度

湍流强度反映了风的脉动特征,是确定结构脉动风荷载的关键参数,在桥梁抗风设计中应该根据强风观测数据确定湍流强度。

"韦森特"过程中,80m 高度层的超声测风仪观测的 8 级以上大风样本的三维方向湍流强度波动较小(图2-14),三维方向湍流强度平均值分别为 0.056、0.047、0.028,顺风向湍流强度 I_u、横风向湍流强度 I_v、竖向湍流强度 I_w 呈 $I_u > I_v > I_w$ 的规律,比值为 1:0.84:0.50,接近于《公路桥梁抗风设计规范》(JTG/T D60-01—2004)的推荐值 1:0.88:0.5。

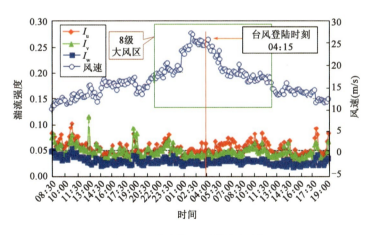

图 2-14 "韦森特"过程的湍流强度

"天兔"过程中,80m 高度层的超声测风仪观测的 8 级以上大风样本的三维方向湍流强度波动较大,在台风经过后有明显增大(图2-15),三维方向湍流强度平均值分别为 0.143、0.099、0.069,呈 $I_u > I_v > I_w$ 的规律,比值为 1:0.69:0.48,与《公路桥梁抗风设计规范》(JTG/T D60-01—2004)的推荐值 1:0.88:0.5 有较大差距。

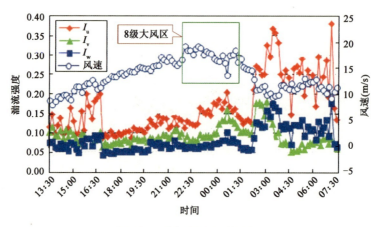

图 2-15 "天兔"过程的湍流强度

2.3.2.5 阵风系数

阵风系数是表达风脉动特征的参数,可以简单直观地表征风的阵性特点。在缺乏阵风观测记录的地区,通常根据阵风系数由平均风速推算出阵风风速。

深中通道测风塔 80m 高度处超声测风仪观测的"韦森特"过程阵风系数变化不大,6 级以上大风过程阵风系数平均值为 1.15,最大值为 1.40,对应风速为 12.3m/s,最大 10min 平均风速(27.3m/s)对应的阵风系数为 1.19(图 2-16)。"韦森特"过程 10min 平均风速超过 7 级(13.9m/s)的样本(共 156 个)对应的阵风系数平均值为 1.14;超过 8 级(17.2m/s)的样本(共 79 个)对应的阵风系数平均值为 1.15;超过 10 级(24.5m/s)的样本(共 15 个)对应的阵风系数平均值为 1.14。

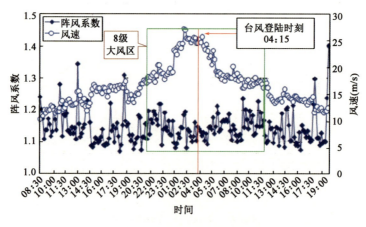

图 2-16 "韦森特"过程的阵风系数

深中通道测风塔 80m 高度处的"天兔"过程 6 级以上大风样本的阵风系数平均值为 1.23,最大值为 1.88,对应风速为 13.7m/s,过程最大 10min 平均风速(19.2m/s)对应的阵风系数为 1.32(图 2-17)。"天兔"过程 10min 平均风速超过 7 级(13.9m/s)的样本(共 49 个)对应的阵风系数平均值为 1.31;超过 8 级(17.2m/s)的样本(共 15 个)对应的阵风系数平均值为 1.35。

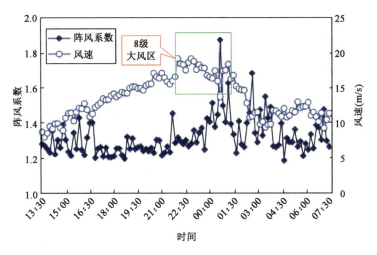

图 2-17 "天兔"过程的阵风系数

由于 10m 高度只有杯式测风仪,为给出距地面 10m 高度的阵风系数,因此采用观测期间的 6 级、7 级、8 级及以上大风样本(样本总数分别为 419 个、159 个和 36 个),计算得到其水平方向的平均值均为 1.32。"天兔"过程中,超过 8 级的大风样本的阵风系数平均值为 1.35,但其样本数只有 15 个,代表性不足。因此,从样本代表性及偏保守角度考虑,建议本项目工程场地阵风系数取 10m 高度的阵风系数值(1.32)。

2.3.2.6 湍流积分尺度

湍流积分尺度表征湍涡的平均空间尺度,它表示总体湍涡的平均大小,三维湍流积分尺度一般以顺风向湍流积分强度 L_u 最大,横向风湍流积分强度 L_v 次之,竖向湍流积分强度 L_w 最小。

深中通道测风塔 80m 高度处的"韦森特"过程的顺风向和横风向湍流积分尺度有明显的随风速增大而增大的趋势,竖向湍流积分尺度则无明显的波动(图 2-18),8 级强风样本顺风向、横风向、竖向湍流积分尺度平均值分别为 212m、92m 和 32m,比值为 1:0.43:0.15。

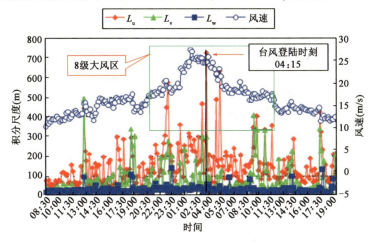

图 2-18 "韦森特"过程的三维湍流积分空间尺度

深中通道测风塔 80m 高度处的"天兔"过程的顺风向湍流积分尺度随风速增大而增大,横风向湍流积分尺度则无明显的波动,竖向湍流积分尺度在台风经过后有所增大(图 2-19),8 级强风样本顺风向、横风向、竖向湍流积分尺度平均值分别为 114m、46m 和 29m,比值为 1∶0.40∶0.25。

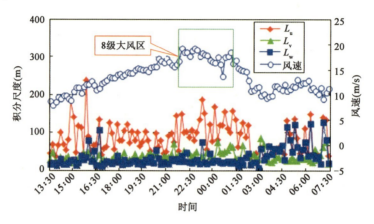

图 2-19 "天兔"过程的三维湍流积分空间尺度

2.3.2.7 湍流功率谱

根据"韦森特"过程的三维超声观测资料,选取过程最大 10min 平均风速样本(27.3m/s),计算各向脉动风功率谱,拟合区间为 1~4Hz 频率范围,分析惯性子区的湍流谱特征。可以发现,"韦森特"过程的湍流谱样本不满足 -5/3 律和各向同性假设(图 2-20)。

根据"天兔"过程的三维超声观测资料,选取过程最大 10min 平均风速样本(19.2m/s),计算各向脉动风功率谱,拟合区间为 1~4Hz 频率范围,分析惯性子区的湍流谱特征。可以发现,"天兔"过程的湍流谱样本不满足 -5/3 律和各向同性假设(图 2-21)。图中,$b(u)$ 为 u 方向能量衰减指数率;$b(v)$ 为 v 方向能量衰减指数率;$b(w)$ 为 w 方向能量衰减指数率。

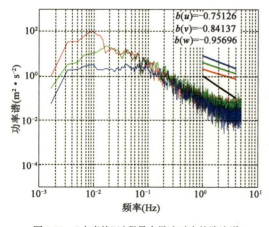

图 2-20 "韦森特"过程最大风速对应的湍流谱

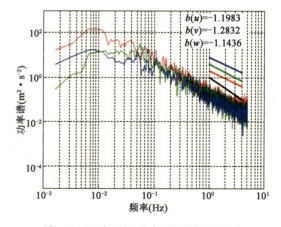

图 2-21 "天兔"过程最大风速对应的湍流谱

2.4 重现期设计风速

2.4.1 资料和步骤

长期基本测风资料来自中山气象站、番禺气象站、深圳气象站,现场测风资料来自深中通道测风塔。中山气象站位于深中通道测风塔以西24km处,珠海气象站位于深中通道测风塔以南约29km处,番禺气象站位于深中通道测风塔西北约53km处,深圳气象站与深中通道测风塔隔珠江口伶仃洋海域相望,直线距离约为38km。

重现期风速推算基本思路和步骤为:①根据深中通道测风塔与各气象站同时段测风资料进行相关分析,选取具有区域代表性的站点建立年最大风速序列;②用极值Ⅰ型概率分布模型计算出各气象站不同重现期的10min平均年最大风速作为基本风速;③利用深中通道测风塔资料将气象站基本风速转换至桥位处;④利用指数法推算出深中通道关键位置不同高度的重现期风速。

2.4.2 气象站与测风塔的相关分析

现场观测期间(2012年6月15日—2014年11月30日),深中通道测风塔10m、30m、60m、80m、90m高度的平均风速分别为3.7m/s、4.6m/s、5.0m/s、5.0m/s、5.1m/s,10min平均最大风速分别为21.2 m/s、24.4 m/s、26.2 m/s、27.6 m/s、27.8m/s,平均风速以及最大风速均随高度的升高而增大,说明测风高度越高,受下垫面的影响越小。80m高度接近该工程最为关心的桥面高度,受下垫面影响较小,有效数据完整率较高,因此选用80m高度的风速数据与周边气象站进行相关分析。同时,选取10m高度数据的相关分析结果作为对比。

利用深中通道测风塔测风资料与各气象站同时段(2012年6月15日—2014年11月30日)的测风资料,根据大风取样原则,在满足统计样本数量的前提下,对深中通道测风塔10m、80m高度与各气象站同期日最大风速样本分别设定阈值,根据大风取样原则,在满足统计样本数量的前提下,对深中通道测风塔10m、80m高度与各气象站同期日最大风速样本进行相关性分析。

相关分析结果显示,各气象站10m高度与测风塔80m高度大风样本的相关性,以中山气象站最为显著(相关系数为0.808),其次为珠海气象站(相关系数为0.799),与深圳气象站和番禺气象站的相关性较差;各气象站10m高度与测风塔10m高度大风样本的相关性,以珠海气象站最为显著(相关系数为0.794),其次为中山气象站(相关系数为0.705),与深圳气象站和番禺气象站的相关性较差。

2.4.3 基本风速计算结果

由于各气象站10m高度与测风塔80m高度大风样本的相关性以中山气象站最为显著(相关系数为0.808)。下面以中山气象站的基本风速计算为例。

根据中山气象站测风历史沿革,按照相关规范对其年最大风速进行一致性订正,得到中山气象站历年最大 10min 平均风速序列（图 2-22），采用柯尔莫哥洛夫拟合适度检验方法，计算得到的拟合适度指标值为 0.840，小于 $K_{0.05}=1.35$，说明该序列符合极值 I 型分布，拟合频率曲线见图 2-23。

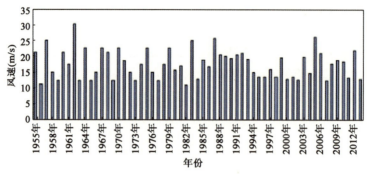

图 2-22　中山气象站历年最大 10min 平均风速

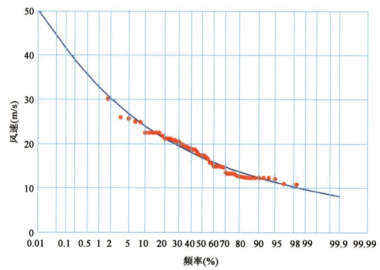

图 2-23　中山气象站历年最大 10min 平均风速拟合频率曲线

采用极值 I 型概率分布函数计算得到中山气象站各重现期最大 10min 平均风速，50 年一遇最大风速为 30.3m/s，100 年一遇最大风速为 33.0m/s，见表 2-18。

中山气象站各重现期最大 10min 平均风速　　表 2-18

重现期（年）	10	20	30	50	100	120	200	500
风速（m/s）	24.1	26.8	28.4	30.3	33.0	33.7	35.6	39.1

2.4.4　重现期风速推荐结果

相关分析结果显示，各气象站 10m 高度与测风塔 80m 高度大风样本的相关性，以中山气象站最为显著（相关系数为 0.808），其次为珠海气象站（相关系数为 0.799），与深圳气象站和番禺气象站的相关性较差；各气象站 10m 高度与测风塔 10m 高度大风样本的相关性，以珠海气象站最为显著（相关系数为 0.794），其次为中山气象站（相关系数为 0.705），与深圳气象站和番禺气象站的相关性较差。

重现期风速计算结果显示,以中山气象站为参考站,分别利用 10m 和 80m 高度风速进行相关订正,得出工程区域海平面以上 10m 高度 100 年一遇的 10min 平均风速分别为 38.1m/s 和 39.1m/s;以深圳气象站为参考站,得出工程区域海平面以上 10m 高度 100 年一遇的 10min 平均风速分别为 35.3m/s 和 35.4m/s;以珠海气象站为参考站,得出工程区域海平面以上 10m 高度 100 年一遇的 10min 平均风速分别为 38.0m/s 和 39.0m/s。

综合对比气象站与测风塔测风资料的相关性,并从偏安全角度考虑,推荐采用中山气象站作为参考站,利用测风塔 80m 高度风速数据进行相关订正的计算结果。结果显示,工程区域海平面以上 10m、63m(横门东大桥桥面)和 91m(伶仃西航道桥桥面)高度 100 年一遇的 10min 平均风速分别为 39.1m/s、48.1m/s 和 50.1m/s。

2.5 小结

2.5.1 平均风场特征

平均风速:观测期间(2012 年 6 月 15 日—2014 年 11 月 30 日),深中通道测风塔距地面 10m、30m、60m、80m、90m 高度的平均风速分别为 3.7m/s、4.6m/s、5.0m/s、5.0m/s、5.1m/s。

极值风速:观测期间最大风速(10min 平均)为 27.8 m/s,极大风速(3s 阵风)为 37.8m/s,均出现在 90m 高度层;最大风速出现在 2012 年 7 月 24 日,为在台山登陆的 1208 号台风"韦森特"影响的结果;极大风速出现在 2014 年 5 月 11 日,由当时影响珠三角地区的大范围暴雨强对流天气影响造成。

主导风向:观测期间(2012 年 6 月 15 日—2014 年 11 月 30 日),平均风场各层风向变化基本一致,观测年度主导风向为东南偏南风(SSE),其次为北风(N)和西北偏北风(NNW)。

2.5.2 地表粗糙度系数

根据实测数据,采用幂指数律计算得到深中通道工程区域平均风况下地表粗糙度系数 $\alpha = 0.154$,大风状况下地表粗糙度系数 $\alpha = 0.112$。考虑抗风设计重点关注大风,建议采用 $\alpha = 0.112$。

2.5.3 各级大风天数、风向特征

根据大风累计时数统计,观测期间深中通道测风塔距地面 10m、30m、60m、80m 和 90m 高度 6 级以上的年平均大风天数分别为 16.7d、26.6d、33.9d、36.3d 和 36.1d,8 级以上的年平均大风天数分别为 1.3d、2.4d、2.8d、3.0d 和 3.1d,10 级以上的年平均大风天数分别为 0.1d、0.1d、0.3d、0.4d 和 0.3d。

根据气象行业常规大风天数统计方法,利用日极大风速(3s 阵风)实测数据统计 6 级、

8级、10级大风的各月平均出现天数,结果显示观测期间深中通道测风塔距地面10m、30m、60m、80m和90m高度6级以上的年平均大风天数分别为88.7d、132.5d、148.2d、152.9d和157.8d;8级以上的年平均大风天数分别为9.5d、17.6d、21.1d、23.8d和24.5d,10级以上的年平均大风天数分别为1.2d、1.2d、2.4d、3.2d和3.1d。

大风天气主要由强对流、台风天气和冷空气过程影响造成,6级以上大风天气在各月均有出现,8级和10级以上大风天数则主要出现在4—9月。距地面80m高度各方位6级以上大风(10min时距内的3s阵风)主要出现在西北偏北风至东北偏北风扇区(NNW～NNE)和东南偏南风(SSE)方位;8级以上阵风主要出现在东南偏东风(ESE)和东南风(SE)方位,10级以上大风集中在东南风至东北风扇区(SE～NE)和西风(SW)方位。

2.5.4 桥位区的风攻角、湍流强度、阵风系数

风攻角:1208号台风"韦森特"影响期间,距地面80m高度处(桥面高度附近)10min平均水平风速在8级以上(>17.2m/s)的超声风观测样本的风攻角在0.2°～1.7°范围内变化,平均值为0.9°;在1319号台风"天兔"过程中,80m高度8级以上大风的风攻角在-1.3°～0.4°范围内变化,平均值为-0.4°。由于观测期间本项目测风塔没有观测到强台风过程,因此,根据对广东茂名近海海上100m高测风塔获取的实测数据的分析,海面上常态风平均风攻角(不含台风)一般为0°～1°,在台风中心强风区影响下,海面上风攻角增大至5°左右。偏保守考虑,建议深中通道工程区域的最大风攻角采用5°。

湍流强度:1208号台风"韦森特"影响期间,距地面80m高度8级以上大风样本三维湍流强度平均值分别为0.056、0.047、0.028;1319号台风"天兔"过程三维湍流强度平均值分别为0.143、0.099、0.069;现场测风期间10m高度NRG杯式测风仪观测的8级以上大风湍流强度平均值为0.116。在东莞沙田镇为当地桥梁建设前期工作进行过专用气象观测,其现场测风塔位于本项目观测场地正北方向35km处,该测风塔距地面75m高度的超声测风仪记录的0906号台风"莫拉菲"过程8级以上大风样本的三维湍流强度平均值分别为0.092、0.080、0.049,比值为1∶0.87∶0.53。由于台风"莫拉菲"的中心眼区穿越了该测风塔,其代表性较好,且观测场距离本项目观测场较近,下垫面状况也较为相似,因此建议可参考使用该结果。

阵风系数:从样本代表性及偏保守角度考虑,建议本项目工程场地阵风系数取10m高度的阵风系数值(1.32)。

2.5.5 重现期风速

分别以中山气象站、深圳气象站和珠海气象站作为重现期风速计算的参考站,利用深中通道测风塔10m和80m高度的测风资料与上述三个气象站的同时段测风资料进行相关分析,在满足统计样本数量的前提下,分别设定样本阈值,给出重现期风速的订正比值,最后推算得到工程区域海平面以上不同高度各重现期10min平均风速。综合对比气象站与测风塔

测风资料的相关性,并从偏安全角度考虑,推荐以中山气象站为基准,利用测风塔80m高度风速数据进行相关订正的计算结果。结果显示,工程区域距海平面10m、63m(横门东大桥桥面)和91m(伶仃西航道桥桥面)高度100年一遇的10min平均风速分别为39.1m/s、48.1m/s和50.1m/s。

第3章 工程场址台风设计风环境分析

台风特有的(强)涡旋风场特征使得其近地风特性有别于其他系统,台风中心与工程场地的距离以及台风的登陆状态都将对工程场地的风环境产生影响。

大跨度桥梁结构设计风荷载的研究不仅要关注极端环境荷载作用(如台风),还应该计算持续环境荷载(如日常风)作用下的结构行为,而目前的风工程范畴内的风特性研究集中在强风数据的分析。另外,桥梁设计风荷载的研究通常是基于桥址附近气象台站的数据或者建桥之前桥址区的风环境监测数据,这会产生两个不能忽视的问题:①气象台站与桥址的地形、地貌不同,造成两者的风场存在差异;②桥梁建成前后的桥址风环境会发生改变。因此,开展大跨度桥梁桥址风环境的实测研究是桥梁结构设计与状态评估研究非常重要的基础性问题。基于桥址实测风数据研究平均风特性及脉动风特性,能为同类风气候区的桥梁抗风设计提供有益的参考。

台风是一类快速旋转的中尺度低压涡旋天气系统,水平和竖向尺度分别为 100~2000km 和 15~20km,通常形成于纬度大于 5° 的温暖洋面。台风一旦靠近大陆沿岸或直接登陆,会造成巨大的经济损失和人员伤亡,还威胁沿海大跨径桥梁及建筑结构的安全。我国是台风多发区,平均每年有 7~8 个台风直接登陆东南沿海,而该区域布局建造了大量大跨径柔性桥梁。为满足我国沿海区域的建设需求,桥梁跨径已接近 2km 甚至有可能达到 5km,这类桥梁的抗风研究尤为重要,而确定桥位处的台风极端风荷载是关键环节。

有别于季风、寒潮等全球性大尺度风气候,台风每年直接影响某一特定区域的概率通常很低,且强台风作用下,测风设备有时会发生损坏,无法完全捕捉最大风速,这使得气象站的实测台风风速样本有限,如果仅以该数据为母体样本来预测未来不同重现期的设计风速,误差普遍偏大。当前,我国《建筑结构荷载规范》(GB 5009—2012)和《公路桥梁抗风设计规范》(JTG/T D60-01—2004)推荐的设计风速是基于气象站实测数据估计的,而沿海地区气象站的风速样本包含了台风和非台风数据,两者对极值概率分布的贡献是不均匀的,尤其是强台风风速样本会显著影响概率分布的尾部特征,造成估计的重现期极值风速与真实值偏差较大。因此,台风极值风速需采用随机模拟获取大量风速样本,开展单独预测。美国的 ASCE 规范自 ASCE 7—98 版本就已经分别创建台风和非台风设计风速图,并基于统一风险(uniform risk)的概念,提出了 300 年、700 年、1700 年和 3000 年重现期的极值风荷载设计要求,以实现基于性能的工程设计目标。我国相关规范尚未采用这一理念。

为实现台风快速模拟,多采用基于数理统计和适当简化的台风模拟算法。首先基于历史数据的统计特征,采用随机模拟方法人工合成大量台风路径样本,然后将路径数据基本信息(包括中心位置、中心气压、风场参数、移动速度和前进方向等)输入台风风场模型,获取目标场地的台风风速样本,最后估计各重现期极值风速。

3.1 台风风场模型

在台风多发地区开展建设,需要准确预测工程场地处可能的台风特性。工程界普遍接受和认可的方式是,应用一种计算简单但能高精度地模拟台风边界层内风速场分布与变化的台风数值模型模拟台风过程,然后基于 Monte Carlo 随机算法获得工程场地处风速样本。对于结构工程领域而言,对台风过程中边界层风速场分布与变化的模拟更为关键。因此,为适应工程领域的需要,提出计算简单但具有足够精度的台风风场数值模型,用于模拟台风边界层内风速的分布与变化。

3.1.1 气压场参数模型

在多数台风模型中,气压场通常是预先进行参数化建模的,从而可以求解台风风场模型中的气压项。目前,使用最广泛的是 Holland 提出的参数化模型。该模型描述了台风海平面位置(通常定义为10m 高度)气压从台风中心至外围的变化情况,表达式如下:

$$P_{rz} = P_{cs} + \Delta P_s \cdot \exp\left[-\left(\frac{R_{\max,s}}{r}\right)^{B_s} \right] \tag{3-1}$$

式中:P_{rz}——距离台风中心 r、高度 z 处的气压;

P_{cs}——中心气压;

ΔP_s——中心气压差;

$R_{\max,s}$——最大风速半径(km);

B_s——径向气压剖面系数。

为了实现台风的三维建模,量化台风风场不同高度的气压和风场变化,提出了随高度变化的三维气压场,表示为:

$$P_{rz} = \left\{ P_{cs} + \Delta P_s \cdot \exp\left[-\left(\frac{R_{\max,s}}{r}\right)^{B_s} \right] \right\} \cdot \left(1 - \frac{gkz}{R_d \theta_v}\right)^{\frac{1}{k}} \tag{3-2}$$

$$\theta_v = T_v(P_s/P_z)^k \approx (1+0.61q)(T_z + 273.15) + \frac{kgz}{R_d} \tag{3-3}$$

$$T_z = T_s - \tau z \tag{3-4}$$

$$k = \frac{R}{c_p} = \frac{R_d(1+0.61q)}{c_{pd}(1+0.86q)} = \frac{2(1+0.61q)}{7(1+0.86q)} \tag{3-5}$$

$$q = \text{RH} \cdot \frac{3.802}{100 P_z} \cdot \exp\left(\frac{17.67 T_z}{T_z + 243.5}\right) \tag{3-6}$$

$$T_s = \text{SST} - 1 \quad \text{或} \quad T_s = 28 - \frac{3(\phi - 10)}{20} \tag{3-7}$$

式中：g——重力加速度常量；

R_d——干空气的比气体常数，取 $287 J/(K \cdot kg)$；

θ_v——虚位温(K)；

T_v——虚温；

P_s——海平面气压；

P_z——z 高度处气压；

q——比湿(kg/kg)；

T_s——海平面气体温度(℃)；

τ——温度随高度递减率(0.0065K/m)；

R——湿空气比气体常数[J/(K·kg)]；

c_p——常压比热容；

c_{pd}——干空气定压比热容；

RH——相对湿度,取 90%；

SST——海平面温度(℃)；

ϕ——纬度(°)。

3.1.2 风速场解析模型

台风梯度层的风速被认为是不受地表粗糙度影响的,将其分为径向风速 $U_g = 0$ 和切向风速 V_g,而边界层的实际风速(u, v)可以通过边界层折减风速(u_d, v_d)叠加梯度风速获得,即：

$$u = u_d \tag{3-8}$$

$$v = V_g + v_d \tag{3-9}$$

而切向风速可以由下式计算获得：

$$V_g = \frac{V_{T\theta} - fr}{2} + \sqrt{\left(\frac{V_{T\theta} - fr}{2}\right)^2 + \frac{r}{\rho_g}\frac{\partial P_g}{\partial r}} \tag{3-10}$$

式中：$V_{T\theta}$——台风移动速度(m/s), $V_{T\theta} = -V_T \sin(\theta - \theta_T)$,其中,$V_T$ 为台风中心最大移动速度, θ_T 和 θ 分别为台风移动方向和风速计算地点的方位角(自正东方逆时针为正)；

f——Corioli 力；

ρ_g——梯度层空气密度(kg/m³)；

P_g——大气压力(hPa)。

边界层的折减风速可以通过对 NS 方程的尺度分析获得：

$$u_d = e^{-\lambda z'} \eta [D_1 \sin(\lambda z') - D_2 \cos(\lambda z')] \tag{3-11}$$

$$v_d = e^{-\lambda z'} [D_1 \cos(\lambda z') + D_2 \sin(\lambda z')] \tag{3-12}$$

$$\lambda = \sqrt[4]{\xi_g \xi_{ag}} / \sqrt{2K} \tag{3-13}$$

$$\xi_g = 2V_g/r + f \tag{3-14}$$

$$\xi_{ag} = V_g/r + f \tag{3-15}$$

式中：z'——风场底部高度；

K——湍流黏性系数(m^2/s)，可通过下式计算：

$$K = l_v^2 (S_v^2 - N_m^2)^{1/2} \tag{3-16}$$

$$S_v^2 = \left(\frac{\partial u}{\partial z}\right)^2 + \left(\frac{\partial v}{\partial z}\right)^2 \tag{3-17}$$

$$N_m^2 = \frac{g}{\theta_v}\frac{\partial \theta_v}{\partial z} \tag{3-18}$$

l_v——竖向混合长，可以结合其上限 l_∞（可认为是边界层高度的1/3）进行计算：

$$l_v = \left[\frac{1}{\kappa(z+z_0)} + \frac{1}{l_\infty}\right]^{-1} \tag{3-19}$$

κ——von Kármán 常数，取 0.4；

D_1, D_2——由滑移边界条件获取。

$$\rho_s K \frac{\partial V_h}{\partial z}\Big|_{z'=0} = \rho_s C_D |V_h| V_h \Big|_{z'=0} \tag{3-20}$$

$$C_D = \kappa^2 / \{\ln[(h+z_{10}-d)/z_0]\}^2 \tag{3-21}$$

$$h = 11.4 z_0^{0.86} \tag{3-22}$$

$$d = 0.75h \tag{3-23}$$

$$D_1 = (V_g\cos\alpha - V_g/\sqrt{2})/\sqrt{2} \tag{3-24}$$

$$D_2 = (V_g\sin\alpha - V_g/\sqrt{2})/\sqrt{2} \tag{3-25}$$

式中：ρ_s——近地面空气密度，取 $1.2 kg/m^3$；

C_D——拖拽系数；

h——地表粗糙物平均高度(m)；

z_0——考虑上游影响的等效地表粗糙高度(m)；

d——零平面位移；

α——方位角；

z_{10}——标准10m高度。

3.2 台风风场参数拟合

3.2.1 日本气象厅最佳路径数据

日本气象厅的东京台风中心是世界气象组织指定的西北太平洋和中国南海海域区域专责气象中心，主要负责该海域的台风研究、预报、数据整理和灾害评估工作。东京台风中心公开提供了1951年至今的台风历史最佳路径数据，每条台风路径数据记录了每隔6h、3h或1h的路径基本信息，主要包含：时间(世界标准时间UTC)，台风中心位置(经纬度)，海平面最低气压,10min 平均海平面最大持续风速,50n mile/h 和 30n mile/h 风速的最大半径。图 3-1 给出了该最佳路径数据记录的台风"黑格比"的部分路径信息。

图 3-1 台风"黑格比"的部分路径信息

日本气象厅最佳路径数据有利于对参数化台风模型中的部分参数进行重构,可以进一步优化台风随机模拟的策略,提升模型的风速预测精度。而且日本气象厅提供的风速资料是基于 10min 基本时距给出的,这与中国规范中的基本风速时距规定是一致的,即基于该台风路径数据模拟得到的风速结果理论上是不用考虑时距修正问题的。

3.2.2 $R_{\max,s}$ 和 B_s

根据日本气象厅的风速数据,可以通过不同的 $R_{\max,s}$ 和 B_s 组合,采用上述风场模型计算不同的径向风剖面,获取风速最优拟合情况下的 $R_{\max,s}$ 和 B_s 组合。在提取这两个参数的过程中,需要预先指定地表粗糙高度 z_0。考虑到最大风速往往发生在地表粗糙度较小的区域,而且台风登陆的沿海区域存在大面积的平坦地形,因此,对于登陆以后的台风,地表粗糙高度类型选定为平坦开阔地貌,即 $z_0 = 0.01$;对于海面上的台风,考虑到海浪等因素的影响,z_0 通常设定为风速的函数,即:

$$z_0 = 10.0 \cdot \exp(-\kappa/\sqrt{C_{D10}}) \tag{3-26}$$

式中:C_{D10}——海平面 10m 高度拖曳系数,可以通过下式计算:

$$C_{D10} = (0.49 + 0.065U_{10}) \times 10^{-3} \quad C_{D10} \leqslant C_{D\max} \tag{3-27}$$

U_{10}——10m 高度平均风速;

$C_{D\max}$——C_{D10} 的最大值,为离台风中心半径距离 r 的函数:

$$C_{D\max} = (0.0881r + 17.66) \times 10^{-4} \quad 0.0019 \leqslant C_{D\max} \leqslant 0.0025 \tag{3-28}$$

3.2.3 $R_{\max,s}$ 和 B_s 递归模型

基于提取的 1977 年以来不同台风路径在不同时间步的 $R_{\max,s}$ 和 B_s，可以建立 $R_{\max,s}$ 和 B_s 的递归统计模型，表达式如下：

$$\ln R_{\max,s}(i+1) = r_1 + r_2 \cdot \ln R_{\max,s}(i) + r_3 \cdot \ln R_{\max,s}(i-1) + r_4 \cdot \Delta P_s(i+1) + \varepsilon_{\ln R_{\max,s}} \quad (3-29)$$

$$B_s(i+1) = b_1 + b_2 \sqrt{R_{\max,s}(i+1)} + b_3 B_s(i) + b_4 B_s(i-1) + \varepsilon_{B_s} \quad (3-30)$$

式中： r_j, b_j ——递归模型系数，$j=1\sim4$，可以结合历史数据，采用最小二乘法进行回归拟合；

$\ln R_{\max,s}(i), B_s(i)$ ——第 i 个时间步的数值；

$\varepsilon_{\ln R_{\max}}, \varepsilon_{B_s}$ ——模型和实际数据之间的误差项。

选取以桥址为中心、500km 范围内的历史数据建立统计模型，如图 3-2 所示。图中下脚标 real 代表实际数据，model 代表模型。$\ln R_{\max,s}$ 和 B_s 的误差项均值都为 0，且没有产生明显的偏差和显著的趋势性变化。该误差可以通过正态分布或者 t 位置尺度分布进行拟合，实现在随机模拟过程中的随机采样。

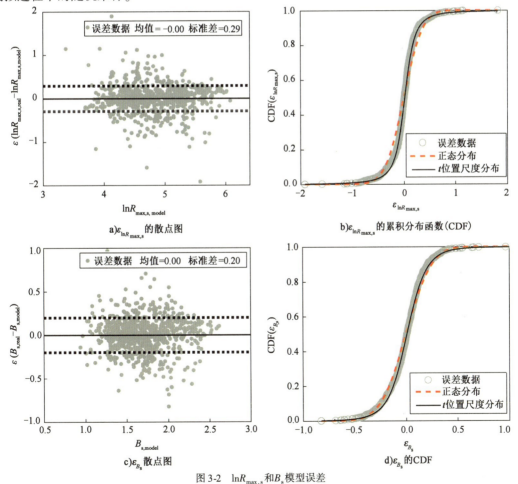

图 3-2 $\ln R_{\max,s}$ 和 B_s 模型误差

3.3 台风灾害模拟评估

3.3.1 台风路径起点参数统计模型

台风路径起点的参数统计模型见表3-1。

表3-1 台风起点参数统计模型

参数	意义	概率分布模型	概率分布密度函数(PDF)	分布参数
λ_a	台风每年发生次数	Poisson	$f(x;\lambda) = \dfrac{\lambda^x}{x!}e^{-\lambda}, x=0,1,2,\cdots,\infty$	$\lambda = 6.11$
α_0	位置角度参数	Weibull	$f(x;k,\gamma) = \dfrac{k}{\gamma}\left(\dfrac{x}{\gamma}\right)^{k-1} e^{-(x/\gamma)^k}, x \geq 0$	$k = 3.44; \gamma = 151.76$
θ_{T0}	前进方向	Bimodal Normal	$f(x;p,\mu_1,\sigma_1,\mu_2,\sigma_2) = p\dfrac{1}{\sigma_1\sqrt{2\pi}}\exp\left[\dfrac{-(x-\mu_1)^2}{2\sigma_1^2}\right] + (1-p)\dfrac{1}{\sigma_2\sqrt{2\pi}}\exp\left[\dfrac{-(x-\mu_2)^2}{2\sigma_2^2}\right]$	$p = 0.64; \mu_1 = -66.91;$ $\sigma_1 = 20.76; \mu_2 = -6.82;$ $\sigma_2 = 67.72$
V_{T0}	移动速度	Lognormal	$f(x;\mu,\sigma) = \dfrac{1}{x\sigma\sqrt{2\pi}}\exp\left[\dfrac{-(\ln x - \mu)^2}{2\sigma^2}\right], x > 0$	$\mu = 1.52; \sigma = 0.47$
ΔP_0	中心压差			$\mu = 3.14; \sigma = 0.59$
$R_{\max,s0}$	最大风速半径			$\mu = 4.48; \sigma = 0.62$
B_{s0}	径向气压剖面形状系数			$\mu = 0.21; \sigma = 0.30$

3.3.2 台风路径起点参数相关模型

根据上述概率统计模型,可以随机抽样获得相应的随机样本。根据历史实际数据,发现不同的参数之间存在一定的相关性,尤其是 $R_{\max,s0}$ 和 B_{s0} 之间,线性相关系数超过0.7,需要在得到模拟数据后,对数据组进行相关性调整。本研究采用 Iman 与 Conover 提出的一种与参数分布类型无关的方法对模拟数据的相关性进行分析、调整。该方法主要基于 Cholesky 分解展开,假设通过随机采样获得一个 $N \times 6$ 的矩阵(N 为模拟采样次数):

$$X = [\alpha_0, \Delta P_0, \theta_{T0}, V_{T0}, R_{\max,s0}, B_{s0}] \tag{3-31}$$

若历史数据得到的相关系数矩阵为 C,由于该矩阵是正定对称矩阵,可以采用 Cholesky 分解为 $C = AA^T$,其中 A 是下三角矩阵。若矩阵 X 的相关系数矩阵为 Q,也可以采用相同方法分解为 $Q = PP^T$,同样地,P 也为下三角矩阵。由此,可以计算得到一个新矩阵 $S = AP^{-1}$ 使得

$SQS^T = C$,而后可以获得一个转换后的参数相关矩阵 $X_c = XS^T$,该矩阵即为相关系数 C 的矩阵。

3.3.3 基于地理加权回归的台风路径、强度和参数模型

3.3.3.1 地理加权回归(GWR)方法

地理加权回归是一种空间数据分析技术,通过定义与距离相关的权重函数,实现回归分析。其中,权重函数可以采用指数衰减核函数:

$$w_{ij} = \sqrt{\exp(-d_{ji}^2/\theta_i^2)} \tag{3-32}$$

式中:d_{ji}——目标点第 i 和第 j 个观察自变量的距离;

w_{ij}——核函数;

θ_i——衰减参数,即带宽。

3.3.3.2 台风路径模拟

台风移动过程中,其整体移动速度不会发生突变,但不同时间步之间有缓慢变化。因此,有别于传统的基于全局统计模型进行随机采样,本研究的台风路径模拟采用了移动速度和前进方向的递归模型,其表达式如下:

$$\Delta \ln V_T = \ln V_T(i+1) - \ln V_T(i) = v_1 + v_2 \ln V_T(i) + v_3 \ln V_T(i-1) + v_4 \theta_T(i) + \varepsilon_{\Delta \ln V_T} \tag{3-33}$$

$$\Delta \theta_T = \theta_T(i+1) - \theta_T(i) = h_1 + h_2 \theta_T(i) + h_3 \theta_T(i-1) + h_4 V_T(i) + \varepsilon_{\Delta \theta_T} \tag{3-34}$$

式中:v_j, h_j——模型参数,通过地理加权回归获得,$j=1\sim4$;

$V_T(i), \theta_T(i)$——分别为时间步 i 的前进速度和前行方向;

$\varepsilon_{\Delta \ln V_T}, \varepsilon_{\Delta \theta_T}$——误差项。

3.3.3.3 台风强度模型

台风强度模型主要分为台风在海面上的相对强度模型和登陆以后的衰减模型,相对强度模型采用以下递归公式模拟:

$$\ln[I(i+1)] = c_1 + c_2 \ln[I(i)] + c_3 \ln[I(i-1)] + c_4 \ln[I(i-2)] + c_5 T_s(i+1) + c_6[T_s(i+1) - T_s(i)] + \varepsilon_{\ln(I)} \tag{3-35}$$

式中:c_j——模型参数,$j=1\sim6$;

$I(i), T_s(i)$——分别为时间步 i 的相对强度和海平面温度;

$\varepsilon_{\ln(I)}$——误差项。

台风登陆后,由于切断了海洋暖湿气流,台风会迅速衰减,主要表现为台风中心压差的减小。由此,采用台风中心压差随时间的指数衰减模型对登陆后的中心压差 $\Delta P(t)$ 进行模拟,该模型为:

$$\Delta P(t) = \Delta P_0 \cdot \exp(-at) \tag{3-36}$$

式中：t——台风登陆时间(h)；

ΔP_0——刚登陆时的中心压差(hPa)；

a——登陆衰减率，可以表示为：

$$a = a_1 + a_2 \Delta P_0 + \varepsilon_a \tag{3-37}$$

a_1, a_2——根据历史数据拟合的参数；

ε_a——正态分布误差项。

图 3-3 给出了相应的衰减模型拟合结果。

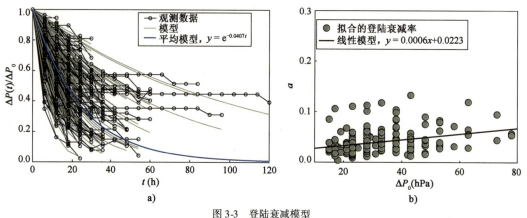

图 3-3 登陆衰减模型

3.3.3.4 台风参数模型

台风参数模型采用第 3.2.3 节定义的 $R_{\max,s}$ 和 B_s 的递归模型。

3.3.3.5 模型评估

为了评估路径、强度和风场参数的模拟效果，图 3-4 给出了台风 Gerald 的模拟结果，将最初两个时间步的实测数据作为初始模拟条件，开展了 1000 次随机模拟。从图中可以看出实测数据可以被模拟结果所涵盖。

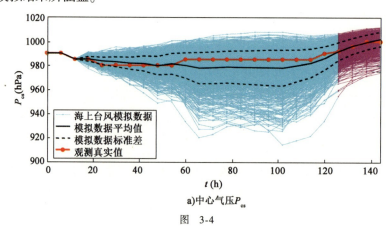

a) 中心气压 P_{cs}

图 3-4

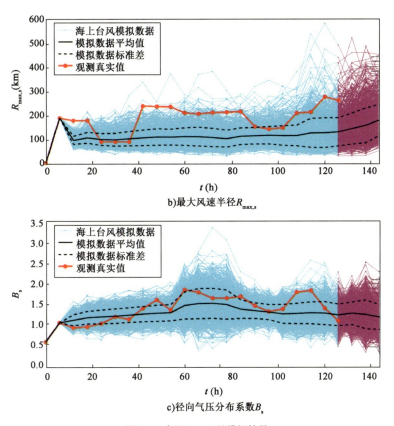

b) 最大风速半径 $R_{max,s}$

c) 径向气压分布系数 B_s

图 3-4 台风 Gerald 的模拟结果

3.3.4 设计风速模拟预测

根据上述参数统计模型,采用 Monte Carlo 模拟方法,随机生成 10000 年的模拟风速数据。根据该风速数据可以获得目标地点不同重现期的设计风速。假设每一个台风季影响某一个区域的台风数量是相互独立的,则在时间 T 内,可以认为有 n 次台风影响该区域的概率 $P_T(n)$ 符合 Poisson 分布。由此,在时间 T 内,极值风速 v_i 大于指定风速 V 的概率为:

$$P_T(v_i > V) = 1 - \sum_{n=0}^{\infty} P(v_i \leqslant V | n) P_T(n) = 1 - \exp\left(-\frac{N}{Y}T\right) \qquad (3\text{-}38)$$

式中:$P(v_i \leqslant V | n)$——某一次台风极值风速 v_i 小于或等于 V 的概率;

$P_T(n)$——有 n 次台风影响该区域的概率;

N——v_i 大于或等于 V 的台风总数;

Y——模拟的总年数。

对于 $T=1$ 年,风速超越给定风速 V 的年概率为:

$$P_{T=1}(v_i > V) = 1 - \exp[-\lambda P(v_i > V)] = 1 - \exp\left(-\frac{N}{Y}\right) \qquad (3\text{-}39)$$

式中：λ——指定区域的台风年发生率。

对于某一地点，指定风速 V 的平均回归周期（Mean Reoccurrence Interval，MRI）或重现期，可以采用下式进行估计：

$$RP(v_i > V) = \frac{1}{\lambda P(v_i > V)} = \frac{Y}{N} \tag{3-40}$$

式中：R——重视期。

根据我国《公路桥梁抗风设计规范》（JTG/T D60-01—2004），以平坦开阔地貌为标准地貌（$z_0 = 0.05\text{m}$），以 10m 高度的百年一遇风速为基本风速。由于伶仃洋大桥周边为开阔海面，规范规定的粗糙高度为 0.01m，但真实的地表粗糙高度可能低于 0.01m，一般介于 0.0002～0.01m 之间。如图 3-5 所示，计算得到了桥位处的台风 10m 高度、10min 时距设计风速。

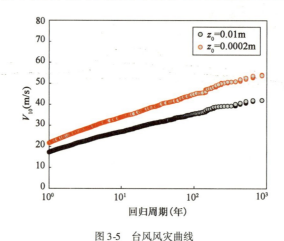

图 3-5　台风风灾曲线

3.4　小结

本章先介绍了台风风场模型（主要是气压场参数模型和风速场解析模型），通过日本气象厅的历史台风路径数据，利用递归模型对台风风场的风参数进行拟合，进而结合台风路径起点参数模型和相关模型以及基于地理加权回归的台风路径模型和强度模型，对台风灾害进行模拟评估预测，得到了桥位处的台风 10m 高度、10min 时距设计风速。

第4章 设计风参数分析

桥位边界层风特性分析是桥梁结构抗风研究的基础。本章首先基于《公路桥梁抗风设计规范》(JTG/T D60-01—2004)确定桥位设计风速和边界层风特性参数,而后基于台风气候模式对该地区的重现期风速进行评估。

深中通道主通航孔桥基本风速的确定采用三种方法,即全国各气象台站的基本风速值、桥位相邻气象台站的风速统计、桥位附近风速测站的风速统计,并选取最大的基本风速作为依据,按照《公路桥梁抗风设计规范》(JTG/T D60-01—2004)确定其他桥位设计风参数。

一般而言,风场模式包括良态气候风场模式、台风气候模式和脉动风特征三个方面。良态气候风场模式的核心问题是重现期内工程场地的极值风速估计问题。极值风速分布最初被认为服从极值Ⅱ型分布,后来的较为广泛的共识是符合极值Ⅰ型分布,但近年也有人提出极值Ⅲ型分布可以给出更好的极值风速估计。由于历史的原因,各国规范采用的风速分布模式不相同,大多数国家用极值Ⅰ型分布,美国等少数国家用极值Ⅱ型分布。

4.1 基本风速

4.1.1 基于全国各气象台站的基本风速值

根据《公路桥梁抗风设计规范》(JTG/T D60-01—2004)附表A"全国各气象台站的基本风速值",距桥位30km以内的气象台站只有一个——深圳气象站,百年一遇的基本风速为38.4m/s;扩大桥位相邻范围至50km,增加两个气象台站——香港气象台和澳门气象台,百年一遇的基本风速分别为39.5m/s和38.4m/s。三个基本风速的最大值为39.5m/s,最小值为38.4m/s,均值为38.77m/s,绝对差值为1.1m/s。在三个气象台站中,深圳气象站离桥位最近、权重最大,澳门气象台基本风速与深圳气象站基本风速相同,建议基本风速取38.4m/s。

基于全国各气象台站的基本风速值确定的基本风速为38.4m/s,场地类别为B类,地表粗糙度系数为0.16。

4.1.2 基于桥位相邻气象台站的风速统计

选取了桥位相邻的三个气象台站——中山气象站(1955—2013年)、深圳气象站(1954—2013年)和珠海气象站(1962—2013年)的历史风速记录进行统计分析。三个气象站百年一遇的基本风速分别为 33.0m/s、33.8m/s 和 33.8m/s,最大值为 33.8m/s,最小值为 33.0m/s,均值为 33.53m/s,绝对差值为 0.8m/s。在三个气象站站中,中山气象站和深圳气象站距桥位较珠海气象站更近,权重较大,建议取这两个气象站的平均风速,即基本风速为 33.4m/s。

基于桥位相邻气象台站的风速统计确定的基本风速为 33.4m/s,场地类别为 B 类,地表粗糙度系数为 0.16。

4.1.3 基于桥位附近风速测站的风速统计

广东省气候中心于 2012 年 6 月在桥位附近的中山市火炬开发区临海工业园东二围建设了一座 90m 高的测风塔,塔基海拔 2m,在离地 10m、30m、60m、80m、90m 的高度设置了风速仪,进行了为期两年半的现场风速实测,并与中山气象站、深圳气象站和珠海气象站数据进行了回归分析,由此确定的风速测站百年一遇的基本风速分别为 38.1m/s、35.3m/s 和 38.0m/s,最大值为 38.1m/s,最小值为 35.3m/s,均值为 37.13m/s,绝对差值为 2.8m/s。在三个气象台站中,中山气象站和深圳气象站距桥位较珠海气象站更近,权重较大,建议取这两个气象站的平均风速,即基本风速为 36.7m/s。

基于桥位附近风速测站的风速统计确定的基本风速为 36.7m/s,地表粗糙度系数为 0.112。

4.1.4 风速参数分析和比较

4.1.4.1 基本风速

根据规范允许的三种不同方法确定的三个基本风速分别是 38.4m/s、33.4m/s 和 36.7m/s,最大值是 38.4m/s,最小值是 33.4m/s,绝对差值为 5.0m/s。值得注意的是,规范规定的深圳气象站基本风速是 38.4m/s,而根据深圳气象站的风速统计确定的基本风速只有 33.8m/s,相差 4.6m/s;基于桥位相邻气象台站的风速统计确定的基本风速明显小于规范确定的基本风速;基于桥位附近风速测站的风速统计确定的基本风速介于上述两者之间,且中山气象站基本风速大于深圳气象站。表 4-1 展示了基本风速的统计结果。

气象台站基本风参数　　表 4-1

基本风参数	方法		
	基于全国各气象台站的基本风速值	基于桥位相邻气象台站的风速统计	基于桥位附近风速测站的风速统计
基本风速范围(m/s)	38.4~39.5	33.0~33.8	35.3~38.1
基本风速取值(m/s)	38.4	33.4	36.7
粗糙度系数取值	0.16	0.16	0.112
建议粗糙度系数	0.16		
建议基本风速(m/s)	38.4		

为保障深中通道工程安全,建议采用的基本风速为38.4m/s。

4.1.4.2 地表粗糙度

根据规范允许的三种不同方法确定的三个风速测站地表粗糙度系数分别是0.16(B类)、0.16(B类)和0.112(A⁻类),最大值是0.16,最小值是0.112,绝对差值为0.048。值得注意的是:规范规定的气象台站地表粗糙度系数都是0.16(B类场地),广东省气候中心提出的风速测站地表粗糙度系数为0.112(A⁻类),这一差别将严重影响后续桥面高度设计基准风速的换算结果。

基于规范的严肃性和深中通道工程的重要性,建议采用的地表粗糙度系数为0.16(B类)。

4.2 桥位设计基本风速

桥位设计风参数包括桥位地表粗糙度、桥位设计基本风速和桥面设计基准风速。当桥位地表粗糙度确定后,桥位设计基本风速和桥面设计基准风速均可按照气象台站基本风速进行换算。

4.2.1 桥位地表粗糙度

由于深中通道主通航孔位于宽阔的珠江江面上,属于开阔水面,根据《公路桥梁抗风设计规范》(JTG/T D60-01—2004)的规定,地表类别为A类,地表粗糙度系数为0.12,粗糙高度为0.01m。

4.2.2 桥位设计基本风速

桥位地表粗糙度确定后,桥位设计基本风速V_{d10}可以按照《公路桥梁抗风设计规范》(JTG/T D60-01—2004)的规定进行换算:

基于全国各气象台站的基本风速值:

$$V_{d10} = K_{1A}V_{10} = 1.174 \times 38.4 = 45.08(\text{m/s})$$

其中,K_{1A}为基本风速地表类别转换系数。

基于桥位相邻气象台站的风速统计:

$$V_{d10} = K_{1A}V_{10} = 1.174 \times 33.4 = 39.21(\text{m/s})$$

基于桥位附近风速测站的风速统计:

$$V_{d10} = K_{1A}V_{10} = 1.0 \times 36.7 = 36.7(\text{m/s})$$

4.2.3 桥面设计基准风速

桥位设计基本风速确定后,桥面设计基准风速V_d可以根据地表粗糙度系数换算:

基于全国各气象台站的基本风速值:

$$V_d = V_{d10}\left(\frac{z}{10}\right)^{0.12} = 45.08 \times \left(\frac{91.9-3.0}{10}\right)^{0.12} = 58.6(\text{m/s})$$

基于桥位相邻气象台站的风速统计：

$$V_d = V_{d10}\left(\frac{z}{10}\right)^{0.12} = 39.21 \times \left(\frac{91.9-3.0}{10}\right)^{0.12} = 51.0(\text{m/s})$$

基于桥位附近风速测站的风速统计：

$$V_d = V_{d10}\left(\frac{z}{10}\right)^{0.112} = 36.7 \times \left(\frac{91.9-3.0}{10}\right)^{0.112} = 46.9(\text{m/s})$$

4.2.4 桥位处的设计基本风速

规范规定的标准场地是 B 类地貌，其平均风风剖面幂指数 $\alpha = 0.16$，大气边界层厚度 $\delta = 350\text{m}$，地表等效粗糙高度 $z_0 = 0.05\text{m}$。深中通道主航道桥位于珠江口开阔水面之上，桥位场地地表类别为 A 类，平均风风剖面幂指数 $\alpha = 0.12$，大气边界层厚度 $\delta = 300\text{m}$，地表等效粗糙高度 $z_0 = 0.01\text{m}$。按照梯度风速相等的原理，可以推算出主桥桥位处的设计基本风速为：

$$U_{s10} = U_{10}\left(\frac{\delta_1}{z_{10}}\right)^{\alpha_1}\left(\frac{z_{10}}{\delta}\right)^{\alpha} = 38.40 \times \left(\frac{350}{10}\right)^{0.16}\left(\frac{10}{300}\right)^{0.12} = 45.09(\text{m/s})$$

式中：U_{s10}——桥梁设计基本风速；

U_{10}——基本风速；

δ_1——标准 B 类大气边界层厚度；

z_{10}——标准 10m 高度；

α_1——标准 B 类平均风剖面指数。

4.3 桥位高度处基准风速

深中通道主航道桥初步设计方案跨中桥面高程为 91.914m。主桥下设计水位最高通航水位(20 年一遇)为 3.01m。根据深中通道主航道桥桥位的基本风速和桥位场地地表类别，按照《公路桥梁抗风设计规范》(JTG/T D60-01—2004)的有关规定，主梁桥面高度设计基准风速 U_d 按照下式计算：

$$U_d = U_{s10}\left(\frac{z}{10}\right)^{0.12} = 45.09 \times \left(\frac{91.914-3.01}{10}\right)^{0.12} = 58.61(\text{m/s})$$

式中：z——主梁基准高度，即主梁离开水面的最高高度。本项目主梁基准高度按跨中桥面设计高程和最低设计水位的最不利情况计算。

桥面高度静阵风风速 U_g 为：

$$U_g = G_u U_z = 1.16 \times 58.61 = 67.99(\text{m/s})$$

式中：G_u——静阵风系数。根据主跨长度由《公路桥梁抗风设计规范》(JTG/T D60-01—2004)得 $G_u = 1.16$；

U_z——不同高度处的设计基准风速，此处为主梁设计基准风速 U_d。

4.4 颤振检验风速

根据《公路桥梁抗风设计规范》(JTG/T D60-01—2004)的规定,颤振检验风速等于安全系数乘以风速脉动修正系数再乘以桥面设计基准风速。在本项目中,安全系数取1.2,风速脉动修正系数 μ_f 取1.19,则颤振检验风速计算步骤如下:

基于全国各气象台站的基本风速值:

$$V_g = 1.2\mu_f V_d = 1.2 \times 1.19 \times 58.6 = 83.7 (\text{m/s})$$

基于桥位相邻气象台站的风速统计:

$$V_g = 1.2\mu_f V_d = 1.2 \times 1.19 \times 51.0 = 72.8 (\text{m/s})$$

基于桥位附近风速测站的风速统计:

$$V_g = 1.2\mu_f V_d = 1.2 \times 1.19 \times 46.9 = 67.0 (\text{m/s})$$

根据《公路桥梁抗风设计规范》(JTG/T D60-01—2004)的有关规定,结构颤振检验风速 $[U_{cr}]$ 为:

$$[U_{cr}] = 1.2\mu_f U_d = 1.2 \times 1.19 \times 58.61 = 83.70 (\text{m/s})$$

4.5 小结

结合规范,并通过计算分析可以得到,伶仃洋大桥的基本风速为38.40m/s,这一取值是在平坦开阔地貌条件下,地面以上10m高度处、100年重现期的10min时距平均年最大风速。主桥桥位处的设计基本风速为45.09m/s,主梁桥面高度设计基准风速为58.61m/s,桥面高度静阵风风速为67.99m/s,颤振检验风速为83.70m/s。其设计风参数汇总于表4-2。

设计风参数　　　　　　　　　　　　　　　　　　表4-2

风参数	方法		
	基于全国各气象台站的基本风速值	基于桥位相邻气象台站的风速统计	基于桥位附近风速测站的风速统计
基本风速范围(m/s)	38.4~39.5	33.0~33.8	35.3~38.1
基本风速取值(m/s)	38.4	33.4	36.7
台站粗糙度系数	0.16	0.16	0.112
桥位地表粗糙度系数	0.12	0.12	0.12
桥位基本风速(m/s)	45.08	39.21	36.70
设计基准风速(m/s)	58.6	51.0	46.9
静阵风风速(m/s)	68.0	59.2	54.4
颤振检验风速(m/s)	83.7	72.8	67.0
比值	1	0.87	0.80

第 5 章 初步设计阶段气动方案比选

本章从伶仃洋大桥的实际桥梁概况出发,提出并设计了 3 种方案,方案一为分体箱梁 + 空间索面,方案二为整体箱梁 + 空间索面,方案三为整体箱梁 + 平行索面。对上述 3 个方案进行了初步方案介绍、结构建模与动力特性分析,并对主梁气动性能进行数值模拟,设计主梁节段模型风洞试验。

采用了两种计算流体力学软件,即同济大学自主研发的小牛 CFD 和商业 CFD 软件 OpenFoam,对扁平钢箱梁方案(方案二和方案三)的颤振临界风速和分体箱梁方案(方案一)的涡振性能做初步研究。与风洞试验方法相比,CFD 方法可以考虑实际结构的大尺度、高雷诺数等风洞试验方法无法解决的问题,而且在进行变参数影响研究、不同结构设计方案的气动性能比选等方面具有更大的灵活性和经济性。

在同济大学土木工程防灾国家重点实验室 TJ-1 边界层风洞,针对初步设计阶段主梁标准断面 1∶80 节段模型进行测振试验,检验 3 个方案的结构颤振稳定性能,并针对开槽箱梁容易出现涡振的事实,探索方案一的涡振性能,同时通过试验说明方案三的单箱断面没有涡振隐患。

5.1 初步设计方案概况

5.1.1 方案一:分体箱梁 + 空间索面

本方案采用双塔三跨式悬索桥,跨径布置为 500m + 1666m + 500m,主缆矢跨比为 169.39/1660 = 1/9.8,吊杆纵向间距为 12.8m。总体布置图见 5-1。

桥塔采用独柱式桥塔,主缆线形布置为空间线形。

加劲梁采用分体式双箱,材料为钢。梁高为 4.5m,梁宽为 23.75m + 16.6m + 23.75m = 64.1m,中央开槽的宽度为 16.6m。具体尺寸见图 5-2。

5.1.2 方案二:整体箱梁 + 空间索面

本方案结构体系仍为双塔三跨式悬索桥,跨径布置为 500m + 1666m + 500m,吊杆间距为 12.8m,矢跨比为 169.39/1666 = 1/9.83。总体布置见图 5-3。

加劲梁断面采用整体箱梁,相应的桥塔为钻石形,主缆为空间布置。主梁宽 49.7m,包括了两侧各 2.5m 的悬臂段。截面图见图 5-4。

第5章 初步设计阶段气动方案比选

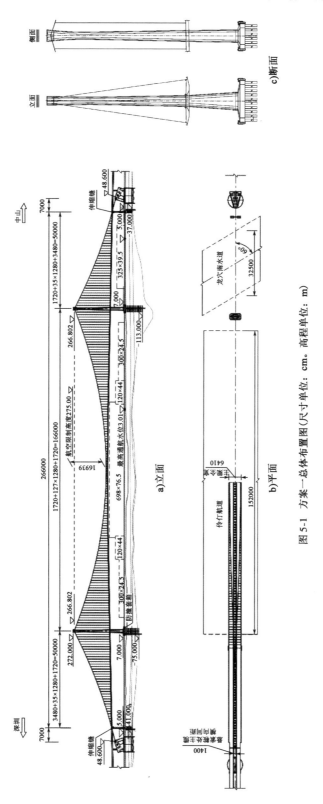

图 5-1 方案一总体布置图（尺寸单位：cm。高程单位：m）

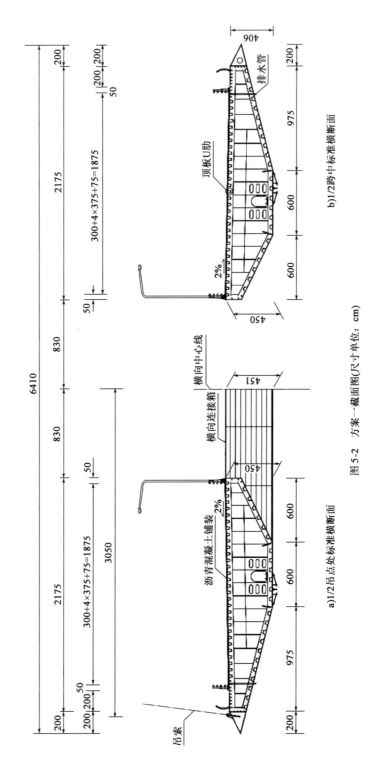

图 5-2 方案一截面图(尺寸单位: cm)

第5章 初步设计阶段气动方案比选

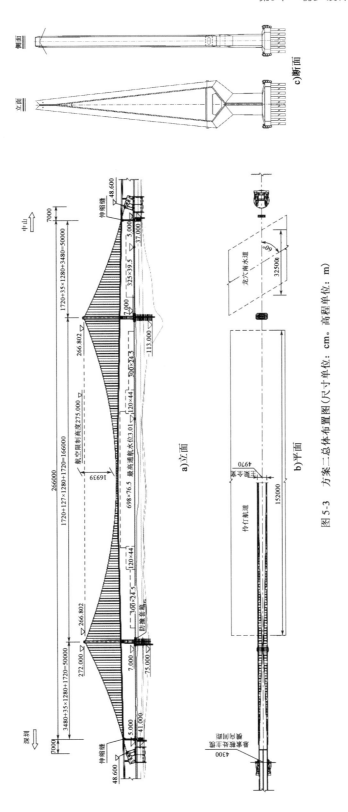

图 5-3 方案二总体布置图(尺寸单位:cm。高程单位:m)

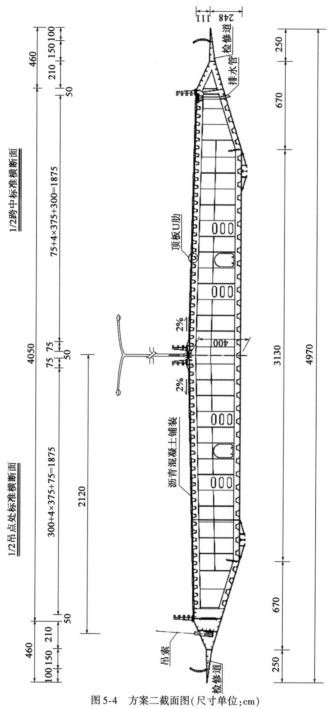

图 5-4 方案二截面图(尺寸单位:cm)

5.1.3 方案三：整体箱梁 + 平行索面

本方案采用整体箱梁，门形桥塔，平行主缆，跨径布置为 500m + 1666m + 500m，吊杆间距为 12.8m。总体布置见图 5-5。加劲梁断面同方案二，详见图 5-4。

第5章 初步设计阶段气动方案比选

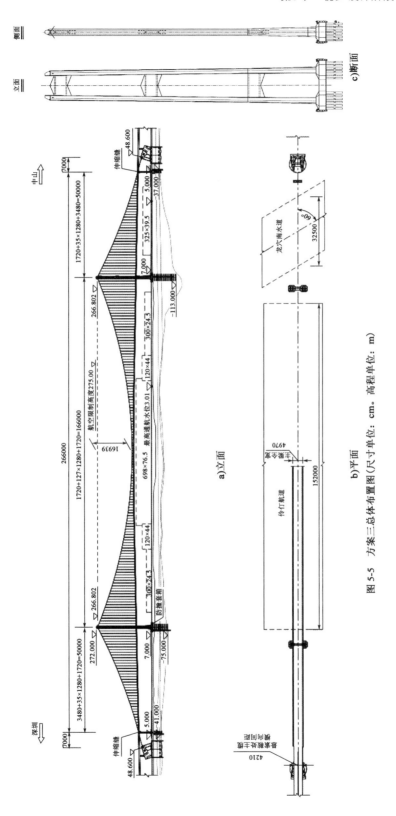

图 5-5 方案三总体布置图 (尺寸单位: cm。高程单位: m)

5.2 结构建模与动力特性

5.2.1 方案一：分体箱梁+空间索面

5.2.1.1 有限元计算模型

本方案动力特性采用 ANSYS 有限元软件计算得到，采用双主梁模型，主梁、桥塔采用 beam4 单元模拟，吊杆及主缆采用 link10 单元模拟。约束条件见表5-1。

加劲梁约束条件　　　　　　　　　　　　　　　　　　　　　表 5-1

位置	Δx	Δy	Δz	θ_x	θ_y	θ_z
主塔承台底	1	1	1	1	1	1
主缆于锚碇和塔顶处	1	1	1	0	0	0
主塔与梁交接处	0	1	0	0	0	0
过渡墩处	0	1	1	1	0	0

注：Δx、Δy、Δz 分别表示沿顺桥向、横桥向、竖向的平动位移；θ_x、θ_y、θ_z 分别表示绕纵桥向、绕横桥向、绕竖向的转角位移。1代表约束；0代表放松。

5.2.1.2 动力特性结果

结构动力特性的求解主要采用子空间迭代法，计算得到典型振型的频率和等效质量，见表5-2。

方案一典型振型　　　　　　　　　　　　　　　　　　　　　表 5-2

阶次	频率(Hz)	振型描述	等效质量
1	0.038	一阶正对称侧弯	$4.423 \times 10^1 \text{t/m}$
2	0.073	一阶反对称侧弯	$3.861 \times 10^1 \text{t/m}$
3	0.076	反对称竖弯(主跨)	$1.134 \times 10^2 \text{t/m}$
4	0.097	一阶正对称竖弯	$4.893 \times 10^1 \text{t/m}$
5	0.104	反对称竖弯(全桥)	$8.550 \times 10^1 \text{t/m}$
11	0.165	一阶反对称扭转	$3.183 \times 10^4 \text{t} \cdot \text{m}^2/\text{m}$
16	0.207	一阶正对称扭转	$2.752 \times 10^4 \text{t} \cdot \text{m}^2/\text{m}$

其中，第三和第五阶振型均为反对称竖弯，但第三阶振型耦合了纵飘。在竖弯方向上，第三阶振型为主跨的反对称竖弯(不包含边跨)，而第五阶振型为全桥的反对称竖弯。

5.2.2 方案二：整体箱梁+空间索面

5.2.2.1 有限元计算模型

本方案动力特性采用 ANSYS 有限元软件计算得到。采用单主梁模型,主梁、桥塔采用 beam4 单元模拟,吊杆及主缆采用 link10 单元模拟。约束条件与方案一相同。

5.2.2.2 动力特性结果

结构动力特性的求解主要采用子空间迭代法,计算得到典型振型的频率和等效质量,见表 5-3。

方案二典型振型　　　　　　　　　　　　表 5-3

阶次	频率(Hz)	振型描述	等效质量
1	0.039	一阶正对称侧弯	3.544×10^1 t/m
2	0.063	一阶反对称侧弯	3.064×10^1 t/m
3	0.074	反对称竖弯(主跨)	1.471×10^2 t/m
4	0.097	一阶正对称竖弯	4.170×10^1 t/m
5	0.099	反对称竖弯(全桥)	5.756×10^1 t/m
16	0.214	一阶反对称扭转	1.147×10^4 t·m²/m
20	0.246	一阶正对称扭转	1.736×10^4 t·m²/m

其中,第三和第五阶振型均为反对称竖弯,但第三阶振型耦合了纵飘。在竖弯方向上,第三阶振型为主跨的反对称竖弯(不包含边跨),而第五阶振型为全桥的反对称竖弯。

5.2.3 方案三：整体箱梁+平行索面

5.2.3.1 有限元计算模型

本方案动力特性采用 ANSYS 有限元软件计算得到。采用单主梁模型,主梁、桥塔采用 beam4 单元模拟,吊杆及主缆采用 link10 单元模拟。约束条件与方案一相同。

5.2.3.2 动力特性结果

结构动力特性的求解主要采用子空间迭代法,计算得到典型振型的频率和等效质量,见表 5-4。

动力特性计算结果　　　　　　　　　　　表 5-4

阶次	频率(Hz)	振型描述	等效质量
1	0.039	一阶正对称侧弯	3.623×10^1 t/m
2	0.061	一阶反对称侧弯	3.120×10^1 t/m

续上表

阶次	频率(Hz)	振型描述	等效质量
3	0.073	反对称竖弯(主跨)	$1.526 \times 10^2 \text{ t/m}$
4	0.097	一阶正对称竖弯	$4.308 \times 10^1 \text{ t/m}$
6	0.098	一阶反对称竖弯(全桥)	$5.927 \times 10^1 \text{ t/m}$
16	0.217	一阶反对称扭转	$1.052 \times 10^4 \text{ t} \cdot \text{m}^2/\text{m}$
17	0.223	一阶正对称扭转	$9.593 \times 10^3 \text{ t} \cdot \text{m}^2/\text{m}$

其中，第三和第六阶振型均为反对称竖弯，但第三阶振型耦合了纵飘。在竖弯方向上，第三阶振型为主跨的反对称竖弯(不包含边跨)，而第六阶振型为全桥的反对称竖弯。

5.3 主梁气动性能数值模拟

采用两种计算流体力学软件，对扁平钢箱梁方案(方案二和方案三)的颤振临界风速和分体箱梁方案(方案一)的涡振性能做初步研究。

5.3.1 CFD 软件说明

5.3.1.1 小牛 CFD 及计算设置

同济大学自主开发的小牛 CFD 软件(图 5-6)是基于有限体积方法，集前处理、CFD 计算和后处理为一体的 CFD 数值模拟平台，可对桥梁关键风效应进行模拟。在交错网格布置格式、非结构化网格插值算法和动网格大变形算法方面做出了重要创新，并开发了代数多重网格求解器，实现了高数值稳定性、计算精度和计算效率的平衡。

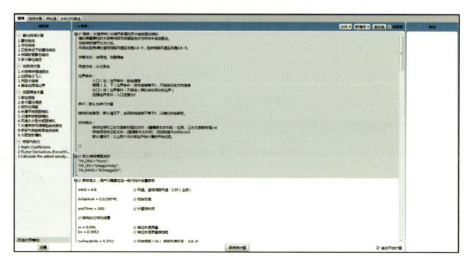

图 5-6

第5章　初步设计阶段气动方案比选

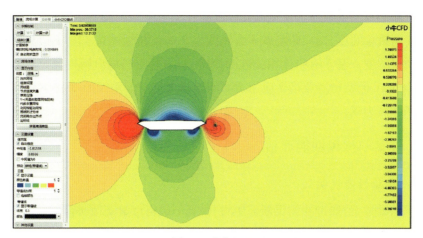

图 5-6　小牛 CFD

小牛 CFD 软件能实现风速的全过程模拟，即可给定风速随模拟时间的变化规律。采用二维流固耦合大涡模拟（LES）方法模拟了四类断面在全风速范围内的自由振动响应。来流风速 U 随着时间 t 缓慢线性增加，U 的表达式为：

$$U(t) = a + \frac{b-a}{100}t \tag{5-1}$$

式中：a——模拟的起始风速；

b——终止风速。

模拟时间为 100s。

5.3.1.2　OpenFoam 及计算设置

OpenFoam 是一个与 Fluent、CFX 类似的 CFD 软件，但其为开源的，可以看作是一个在 Linux 系统运行的 CFD 类库。

采用 Pointwise 软件进行网格划分，二维计算网格数量为 15 万～16 万。保证无量纲壁面距离 $y^+ \approx 5$，模拟雷诺数在 30 万上下。计算区域划分以及网格处理见图 5-7。

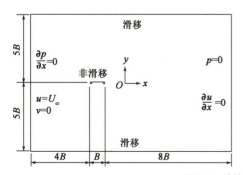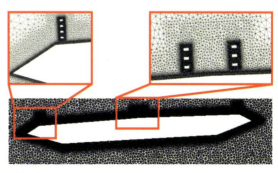

图 5-7　计算区域划分以及网格处理
注：B 表示梁宽。

入口处速度采用 Dirichlet 边界条件，出口速度采用 Neumann 边界条件；入口和出口的压强边界条件与速度边界条件相反；上、下边界采用滑移边界；桥梁壁面以非滑移边界结合 Spalding 连续型壁面函数实现。为了使流场充分发展并满足阻塞率的要求,计算域入口距离桥梁迎风侧大于 4 倍桥梁宽度,出口距离桥梁背风侧大于 8 倍桥梁宽度,上、下边界距离桥梁中心各大于 5 倍桥梁宽度。基于有限体积法进行计算,采用渐变三角形网格填充计算区域并引入传统的 Smagorinsky 模型构造亚格子应力。时间推进方面,采用 PISO 方法解耦计算不可压黏性流的速度场和压力场。

5.3.2 方案一抗风性能评估

5.3.2.1 颤振性能说明

对于分体箱梁方案,通过在箱梁断面中央开槽,一般可以显著改善颤振性能。颤振问题不是该类断面的控制问题。

为验证该假设,对于方案一,采用正对称的振型组合,计算了 3 个风攻角下,实桥风速为 100m/s 时的位移响应。动力特性见表 5-5。

方案一正对称振型组合　　　　　　　表 5-5

振型	频率(Hz)	等效质量(质量性惯矩)	阻尼比(%)
一阶正对称竖弯	0.097	48930kg/m	0.5
一阶正对称扭转	0.207	27520000kg·m²/m	0.5

在 100m/s 来流风速下,断面未出现单频的扭转发散或耦合颤振。故可以认为,对于该方案,颤振问题不是控制问题,后续将着重研究涡振性能。

5.3.2.2 涡振性能研究

为了对开槽双箱梁在成桥状态的涡振现象有更直观的认识,借助 CFD 软件,对其涡振性能进行初步计算评价,再现气体在桥梁断面外部绕流情况。分为 3 个工况,见图 5-8。

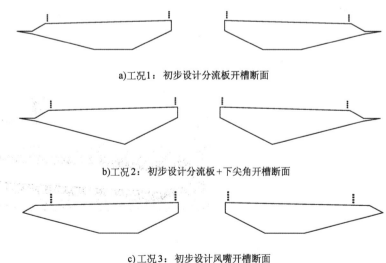

a)工况1:初步设计分流板开槽断面

b)工况2:初步设计分流板+下尖角开槽断面

c)工况3:初步设计风嘴开槽断面

图 5-8　方案一涡振研究比选方案

主要计算结果见表5-6。

开槽方案CFD涡振振幅模拟主要结果(单位:m) 表5-6

工况	风攻角	
	+3°	-3°
工况1	0.25	0.35
工况2	0.47	0.40
工况3	0.46	0.30

5.3.3 颤振性能预估和比选方案(方案二和方案三)

5.3.3.1 基于颤振导数的临界风速估算

采用小牛CFD,计算单箱断面在+3°风攻角和-3°风攻角下的颤振导数随折减风速的变化规律,见图5-9。考虑常规桥梁的最不利风攻角为+3°或-3°,故暂不模拟0°风攻角。

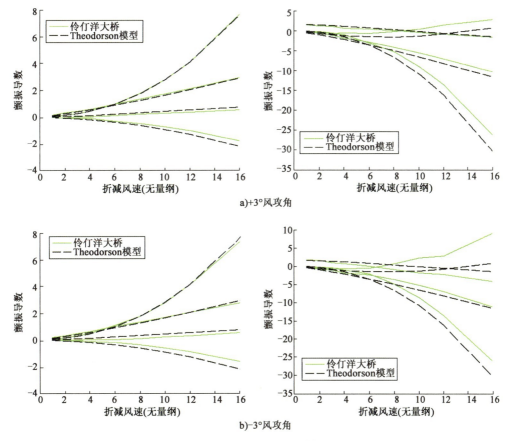

图5-9 CFD颤振导数识别结果

由于规范中规定,考虑颤振临界风速时的振型组合为"一阶正对称竖弯+一阶正对称扭转"或"一阶反对称竖弯+一阶反对称扭转"。为确定对于方案二和方案三,何种振型组合为最不利组合,结合颤振导数和二维颤振分析方法估算颤振临界风速。主要结果见表5-7。

颤振临界风速预估 表 5-7

方案	振型	频率（Hz）	等效质量 （质量性惯矩）	阻尼比（%）	颤振临界风速 +3°	颤振临界风速 -3°
方案二（正对称组合）	一阶正对称竖弯	0.097	41700kg/m	0.5	—	—
	一阶正对称扭转	0.246	17360000kg·m²/m	0.5	83m/s	79m/s
方案二（反对称组合）	一阶反对称竖弯	0.073	147100kg/m	0.5	—	—
	一阶反对称扭转	0.214	11470000kg·m²/m	0.5	88m/s	81m/s
方案三（正对称组合）	一阶正对称竖弯	0.097	42050kg/m	0.5	—	—
	一阶正对称扭转	0.224	9563000kg·m²/m	0.5	75m/s	73m/s
方案三（反对称组合）	一阶反对称竖弯	0.078	87230kg/m	0.5	—	—
	一阶反对称扭转	0.221	10300000kg·m²/m	0.5	87m/s	83m/s

对于方案二，原始单箱断面正对称组合的颤振临界风速估算结果和反对称组合接近，故后续有必要对两种振型组合均做流固耦合模拟。

对于方案三，正对称组合的颤振临界风速估算结果明显低于反对称组合，故可以认为正对称组合为最不利组合，后续可以只计算该种振型组合。

5.3.3.2 单箱比选方案说明

原始单箱断面梁高为4.0m，总桥宽为49.7m，下斜腹板的角度为17.3°，风嘴外侧延伸长度为2.5m。

在原始方案的基础上，通过小幅度改变截面气动外形，得到3个比选断面，与原始断面汇总如下：

①工况1：原始断面，下斜腹板的角度为17.3°，风嘴外侧水平外伸2.5m。
②工况2：在原始断面的基础上，风嘴外侧没有外伸。
③工况3：在工况1的基础上，将下斜腹板的角度改为16°，保证桥宽不变。
④工况4：在工况3的基础上，风嘴外侧没有外伸。

5.3.4 单箱方案颤振临界风速计算（方案二和方案三）

5.3.4.1 方案二正对称组合

针对上述四种断面，采用正对称的振型组合时，模拟了两个风攻角（±3°）下的颤振临界风速。主要研究结论见表5-8。

方案二正对称组合颤振临界风速计算结果（单位：m/s） 表 5-8

编号	+3°风攻角	-3°风攻角
方法一：直接流固耦合模拟（小牛 CFD，变风速）		
工况1	77	77
工况2	85	82
工况3	82	75
工况4	85	79

续上表

编号	+3°风攻角	-3°风攻角
方法二:直接流固耦合模拟(OpenFoam,恒风速)		
工况1	87	70
工况2	72~90 软颤振,92 发散	75
工况3	87	70
工况4	70~95 软颤振	65~73 软颤振,75 发散

5.3.4.2 方案二反对称组合

针对上述四种断面,采用反对称的振型组合时,模拟了两个风攻角(±3°)下的颤振临界风速。主要研究结论见表 5-9。

方案二反对称振型组合颤振临界风速计算结果汇总(单位:m/s) 表 5-9

编号	+3°风攻角	-3°风攻角
方法一:直接流固耦合模拟(小牛 CFD,变风速)		
工况1	76	80
工况2	87	84
工况3	76	76
工况4	82	80
方法二:直接流固耦合模拟(OpenFoam,恒风速)		
工况1	84	80
工况2	86~92 软颤振	80~86 软颤振,86 发散
工况3	84	80
工况4	88~94 软颤振	82

5.3.4.3 方案三正对称组合

针对上述四种断面,采用正对称振型组合时,模拟了两个风攻角(±3°)下的颤振临界风速。主要研究结论见表 5-10。

方案三正对称振型组合 CFD 颤振临界风速计算结果(单位:m/s) 表 5-10

编号	+3°风攻角	-3°风攻角
方法一:直接流固耦合模拟(小牛 CFD,变风速)		
工况1	72	72
工况2	80	75
工况3	74	72
工况4	80	74
方法二:直接流固耦合模拟(OpenFoam,恒风速)		
工况1	77	56
工况2	82	67
工况3	77	56
工况4	82	65

5.4 主梁节段模型风洞试验

深中通道伶仃洋航道桥主桥的主梁 1∶80 节段模型测振试验主要针对初步设计阶段主梁标准断面进行,主要目的是:检验三个方案的结构颤振稳定性能,并针对开槽箱梁容易出现涡振的事实,探索方案一的涡振性能,同时通过试验说明方案三的单箱断面没有涡振的隐患。风洞试验在同济大学土木工程防灾国家重点实验室 TJ-1 边界层风洞中进行。

5.4.1 节段模型设计

主梁节段模型测振试验仅模拟竖向和扭转方向两个自由度的振动特性,没有模拟水平来流方向(即阻力方向)的振动特性。

5.4.1.1 测振试验相似性要求

测振试验采用弹簧悬挂二元刚体节段模型。节段模型通过 8 根弹簧悬挂在洞内支架上。除了满足几何外形相似外,原则上还应该满足以下三组无量纲参数相似。

①弹性参数:$\dfrac{U}{\omega_b B}$,$\dfrac{U}{\omega_t B}$ 或 $\dfrac{\omega_t}{\omega_b}$(频率比)。

②惯性参数:$\dfrac{m}{\rho b^2}$,$\dfrac{J_m}{\rho b^4}$ 或 $\dfrac{r}{b}$(惯性半径比)。

③阻尼参数:ξ_b,ξ_t(阻尼比)。

其中,U 为平均风速;ω_b、ω_t 分别为结构竖向弯曲和扭转振动固有圆频率;B 为桥宽;b 为半桥宽;m、J_m 分别为单位桥长的质量和质量惯性矩;ρ 为空气密度;r 为惯性半径;ξ_b、ξ_t 分别为竖向弯曲和扭转振动的结构阻尼比。

三个方案的节段模型均采用 1∶80 几何相似比。根据测振节段模型设计相似性要求,可以确定测振节段模型的相似比,如表 5-11 所示。由此可以进一步确定三个方案颤振试验中实桥结构与节段模型主要参数之间的一一对应关系,见表 5-12 ~ 表 5-14。

测振节段模型相似比　　表 5-11

参数名称	符号	单位	相似比	相似要求
长度	L	m	$\lambda_L = 1:80$	几何相似比
速度	U	m/s	$\lambda_U = \lambda_L \lambda_f$	量纲不变
密度	ρ	kg/m³	$\lambda_\rho = 1$	空气密度不变
单位长度质量	m	kg/m	$\lambda_m = \lambda_\rho \lambda_L^2 = \lambda_L^2 = 1:80^2$	量纲不变
单位长度质量惯性矩	J_m	kg·m²/m	$\lambda_J = \lambda_m \lambda_L^2 = \lambda_L^4 = 1:80^4$	量纲不变
时间	t	s	$\lambda_t = \lambda_L / \lambda_U$	量纲不变
阻尼比	ξ	—	$\lambda_\xi = 1$	阻尼比不变

颤振节段模型主要参数(方案一) 表 5-12

参数		实桥值	相似比	模型设计值
几何尺度	长度 L	139.20m	$\lambda_L = 1:80$	1.740m
	宽度 B	64.01m	$\lambda_L = 1:80$	0.801m
	高度 H	4.56m	$\lambda_L = 1:80$	0.057m
成桥状态	等效质量 质量 m	48900kg/m	$\lambda_m = 1:80^2$	7.645kg/m
	等效质量 质量惯性矩 J_m	27500000kg·m²/m	$\lambda_J = 1:80^4$	0.672kg·m²/m
	频率 对称竖弯频率 f_h	0.097Hz	16:1	1.552Hz
	频率 对称扭转频率 f_t	0.207Hz	16:1	3.312Hz
	风速 风速 U	—	$\lambda_U = 1:5$	—
	阻尼比 对称竖弯阻尼比 ξ_h	0.50%	$\lambda_\xi = 1$	0.50%
	阻尼比 对称扭转阻尼比 ξ_t	0.50%	$\lambda_\xi = 1$	0.50%

颤振节段模型主要参数(方案二) 表 5-13

参数		实桥值	相似比	模型设计值
几何尺度	长度 L	139.20m	$\lambda_L = 1:80$	1.740m
	宽度 B	49.7m	$\lambda_L = 1:80$	0.621m
	高度 H	4.00m	$\lambda_L = 1:80$	0.05m
成桥状态	等效质量 质量 m	41700kg/m	$\lambda_m = 1:80^2$	6.5156kg/m
	等效质量 质量惯性矩 J_m	17360000kg·m²/m	$\lambda_J = 1:80^4$	0.4238kg·m²/m
	频率 对称竖弯频率 f_h	0.0969Hz	17.354:1	1.682Hz
	频率 对称扭转频率 f_t	0.2458Hz	17.354:1	4.266Hz
	风速 风速 U	—	$\lambda_U = 1:4.61$	—
	阻尼比 对称竖弯阻尼比 ξ_h	0.50%	$\lambda_\xi = 1$	0.50%
	阻尼比 对称扭转阻尼比 ξ_t	0.50%	$\lambda_\xi = 1$	0.50%

颤振节段模型主要参数(方案三) 表 5-14

参数		实桥值	相似比	模型设计值
几何尺度	长度 L	139.20m	$\lambda_L = 1:80$	1.740m
	宽度 B	49.70m	$\lambda_L = 1:80$	0.621m
	高度 H	4.00m	$\lambda_L = 1:80$	0.05m
成桥状态	等效质量 质量 m	43080kg/m	$\lambda_m = 1:80^2$	6.731kg/m
	等效质量 质量惯性矩 J_m	9593000kg·m²/m	$\lambda_J = 1:80^4$	0.234kg·m²/m
	频率 对称竖弯频率 f_h	0.097Hz	15.8:1	1.533Hz
	频率 对称扭转频率 f_t	0.223Hz	15.8:1	3.523Hz
	风速 风速 U	—	$\lambda_U = 1:5.06$	—
	阻尼比 对称竖弯阻尼比 ξ_h	0.50%	$\lambda_\xi = 1$	0.50%
	阻尼比 对称扭转阻尼比 ξ_t	0.50%	$\lambda_\xi = 1$	0.50%

对于方案一和方案三,还开展了涡振节段模型试验,节段模型结构参数与实桥的对应关系见表5-15、表5-16。

涡振节段模型主要参数(方案一)　　　　　　　　　　　　　表5-15

参数		实桥值	相似比	模型设计值
几何尺度	长度 L	139.20m	$\lambda_L = 1:80$	1.740m
	宽度 B	64.01m	$\lambda_L = 1:80$	0.801m
	高度 H	4.56m	$\lambda_L = 1:80$	0.057m
成桥状态	等效质量 质量 m	48900kg/m	$\lambda_m = 1:80^2$	7.645kg/m
	等效质量 质量惯性矩 J_m	27500000kg·m²/m	$\lambda_J = 1:80^4$	0.672kg·m²/m
	频率 对称竖弯频率 f_h	0.097Hz	26.7:1	2.587Hz
	频率 对称扭转频率 f_t	0.207Hz	26.7:1	5.520Hz
	风速 风速 U	—	$\lambda_U = 1:5$	—
	阻尼比 对称竖弯阻尼比 ξ_h	0.50%	$\lambda_\xi = 1$	0.50%
	阻尼比 对称扭转阻尼比 ξ_t	0.50%	$\lambda_\xi = 1$	0.50%

涡振节段模型主要参数(方案三)　　　　　　　　　　　　　表5-16

参数		实桥值	相似比	模型设计值
几何尺度	长度 L	139.20m	$\lambda_L = 1:80$	1.740m
	宽度 B	49.70m	$\lambda_L = 1:80$	0.621m
	高度 H	4.00m	$\lambda_L = 1:80$	0.05m
成桥状态	等效质量 质量 m	43080kg/m	$\lambda_m = 1:80^2$	6.731kg/m
	等效质量 质量惯性矩 J_m	9593000kg·m²/m	$\lambda_J = 1:80^4$	0.234kg·m²/m
	频率 对称竖弯频率 f_h	0.097Hz	27.84:1	2.700Hz
	频率 对称扭转频率 f_t	0.223Hz	27.84:1	6.208Hz
	风速 风速 U	—	$\lambda_U = 1:2.88$	—
	阻尼比 对称竖弯阻尼比 ξ_h	0.50%	$\lambda_\xi = 1$	0.50%
	阻尼比 对称扭转阻尼比 ξ_t	0.50%	$\lambda_\xi = 1$	0.50%

5.4.1.2 测振节段模型设计

主梁测振节段模型采用闭口箱梁结构,由铝框架与轻质木板覆面组成,其基本横断面外形参见图5-10。桥面栏杆、防撞栏、检修轨道和其他附属设施等均选用ABS(丙烯腈-丁二烯-苯乙烯)塑料经雕刻机雕刻形成。

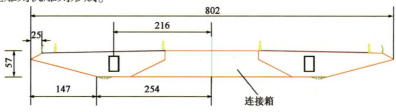

图5-10　主梁节段模型尺寸图(方案一)(尺寸单位:mm)

主梁节段模型测振试验在同济大学土木工程防灾国家重点实验室 TJ-1 边界层风洞中进行。模型尺寸见图 5-11、图 5-12。节段模型采用 8 根弹簧和吊臂组成的悬吊系统悬挂。整个节段模型测振试验系统如图 5-13 所示。三个方案的模型断面见图 5-14。节段模型细部见图 5-15。激光位移计见图 5-16。

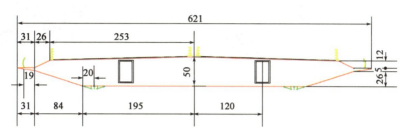

图 5-11　主梁节段模型尺寸图(方案二)(尺寸单位:mm)

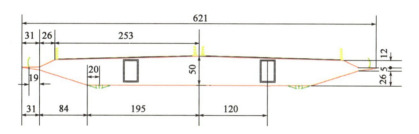

图 5-12　主梁节段模型尺寸图(方案三)(尺寸单位:mm)

图 5-13　悬挂节段模型

a)方案一加劲梁断面

b)方案二加劲梁断面

c)方案三加劲梁断面

图 5-14　模型断面

a)桥面细部构造

b)栏杆细部构造

图 5-15　节段模型细部

图 5-16　激光位移计

5.4.2　试验工况汇总

节段模型测振试验主要试验设备如下：

①TJ-1 边界层风洞，高 1.8m，宽 1.8m，长 12m，可调风速为 1.0~30m/s。
②直流稳压电源电压放大器，DASP 数据动态信号采集和测试分析系统。
③计算机采样系统，包括计算机以及相应软件。

节段模型测振试验工况见表 5-17 ~ 表 5-19。

节段模型测振试验工况表(方案一)　　　　　　　　　　　表 5-17

工况	测振试验	试验内容	风攻角(°)	试验风速(m/s)
CS-1	颤振	确定颤振临界风速、气动导数	-5	0~19
CS-2			-3	0~19
CS-3			0	0~19
CS-4			+3	0~19
CS-5			+5	0~19
CS-6	涡振	确定涡振锁定风速区间、最大振幅	-5	0~19
CS-7			-3	0~19
CS-8			0	0~19
CS-9			+3	0~19
CS-10			+5	0~19

节段模型测振试验工况表(方案二)　　　　　　　　　　　表 5-18

工况	测振试验	试验内容	风攻角(°)	试验风速(m/s)
SM-1	颤振	确定颤振临界风速、气动导数	-5	0~19
SM-2			-3	0~19
SM-3			0	0~19
SM-4			+3	0~19
SM-5			+5	0~19

节段模型测振试验工况表(方案三) 表5-19

工况	测振试验	试验内容	风攻角(°)	试验风速(m/s)
TC-1	初步设计闭口断面颤振	确定颤振临界风速、颤振导数	-5	0~20
TC-2			-3	0~20
TC-3			0	0~20
TC-4			+3	0~20
TC-5			+5	0~20
TC-6	去除两侧水平分流板断面颤振	确定颤振临界风速	-3	0~20
TC-7			0	0~20
TC-8			+3	0~20
TC-9	设计断面涡振	识别涡振现象,确定锁定区间、最大振幅	-5	0~15
TC-10			-3	0~15
TC-11			0	0~15
TC-12			+5	0~15
TC-13			+3	0~15

5.4.3 颤振试验主要结果

在均匀流场中,将模型阻尼比调整至《公路桥梁抗风设计规范》(JTG/T D60-01—2004)要求的0.5%附近(竖弯阻尼比为0.5%~0.8%,扭转阻尼比为0.4%~0.5%)。

5.4.3.1 方案一颤振结果

方案一对应中央开槽断面,正对称组合时的颤振临界风速见表5-20。

方案一颤振临界风速 表5-20

风攻角(°)	+5	+3	0	-3	-5
颤振临界风速(m/s)	>90	>90	>90	90	>90

对于最不利风攻角-3°,试验对应实桥风速90m/s时的位移时程见图5-17。

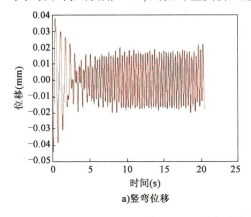
a)竖弯位移

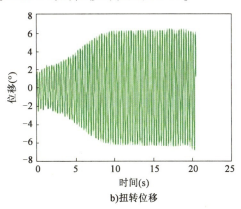
b)扭转位移

图5-17 -3°风攻角下,实桥风速90m/s时的位移时程

5.4.3.2 方案二颤振结果

对于方案二的单箱梁断面,正对称组合时的颤振临界风速见表5-21。

方案二颤振临界风速　　　　　　　表 5-21

风攻角(°)	+5	+3	0	-3	-5
颤振临界风速(m/s)	87.6	78.4~92.2(软颤振)	92.2	92.2	81.6

各个风攻角下,颤振发散时均为扭转发散形式,扭转位移时程见图5-18。

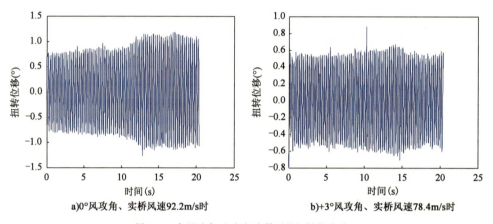

a) 0°风攻角、实桥风速92.2m/s时　　　b) +3°风攻角、实桥风速78.4m/s时

图 5-18　各风攻角下,颤振发散时的扭转位移时程

5.4.3.3 方案三颤振结果

方案三正对称组合时的颤振临界风速见表5-22。

方案三颤振临界风速　　　　　　　表 5-22

风攻角(°)	+5	+3	0	-3	-5
初步设计闭口断面颤振临界风速(m/s)	68.31	82.48	77.92	77.42	66.79
去除两侧水平分流板断面颤振临界风速(m/s)	—	55.66	56.67	83.49	—

试验中,结构响应的均方根(RMS)随风速的变化规律见图5-19、图5-20。

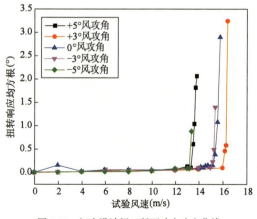 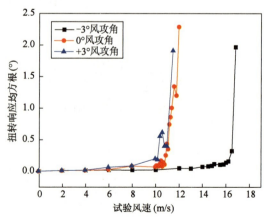

图 5-19　初步设计闭口断面动力响应曲线　　　图 5-20　去除两侧水平分流板断面动力响应曲线

5.4.4 涡振试验主要结果

5.4.4.1 方案一涡振结果

根据《公路桥梁抗风设计规范》(JTG/T D60-01—2004)中的规定,计算成桥状态主梁竖弯和扭转涡激共振振幅限值。

成桥状态竖弯涡激共振振幅限值$[h_b]_{成桥}$为:

$$[h_b]_{成桥} = 0.04/f_b = 0.04/0.097 = 0.412(\text{m})$$

式中:f_b——竖弯频率。

成桥状态扭转涡激共振振幅限值$[\theta_\alpha]_{成桥}$为:

$$[\theta_\alpha]_{成桥} = 4.56/(Bf_t) = 4.56/(64.01 \times 0.207) = 0.3441(°)$$

式中:B、f_t——分别为桥宽和扭转频率。

试验发现节段模型在均匀来流作用下,在正风攻角下容易发生涡振,并在+3°风攻角、风速约15m/s和19m/s时扭转涡振轻微超过限幅值。涡振最大振幅及锁定区间如图5-21所示。

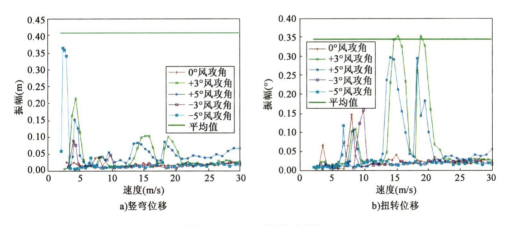

图5-21 方案一涡振位移曲线

5.4.4.2 方案三涡振结果

根据《公路桥梁抗风设计规范》(JTG/T D60-01—2004)中的规定,计算成桥状态和施工阶段主梁竖弯和扭转涡激共振振幅限值。

成桥状态竖弯涡激共振振幅限值$[h_b]_{成桥}$为:

$$[h_b]_{成桥} = 0.04/f_b = 0.04/0.097 = 0.412(\text{m})$$

成桥状态扭转涡激共振振幅限值$[\theta_\alpha]_{成桥}$为:

$$[\theta_\alpha]_{成桥} = 4.56/(Bf_t) = 4.56/(49.7 \times 0.223) = 0.4114(°)$$

在试验过程中,未观察到闭口箱梁断面有明显的涡激共振现象。主要试验结果见图5-22。

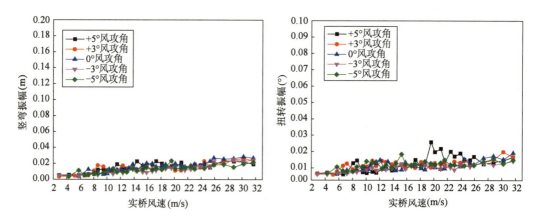

图 5-22 初步设计闭口断面涡振性能

5.5 小结

本章主要进行了以下 3 个环节的研究：

①结构动力特性分析计算：采用 ANSYS 分析软件，对 3 种主桥方案成桥状态进行了结构动力特性分析。采用梁、壳单元和索单元建立全桥有限元模型，根据子空间迭代方法分别计算出 3 个方案竖弯、侧弯和扭转各前 2 阶等模态的自振频率和模态质量或质量惯性矩。

②CFD 流固耦合模拟：借助 OpenFoam 和小牛 CFD，平行模拟断面的风致响应。对于方案一，首先分析颤振性能，在颤振性能满足要求的前提下，计算涡振响应。对于方案二和方案三，在原始断面的基础上，设置 3 个附加的比选断面，模拟颤振临界发散。

③主梁节段模型测振试验：对于三种方案，均采用 1∶80 缩尺比的主梁节段模型模拟成桥状态断面形式。主梁节段模型颤振风洞试验在均匀流场中进行，包括 −5°、−3°、0°、+3°、+5°五种风攻角。试验主要内容包括确定颤振临界风速、气动导数等。对于方案一和方案三，在均匀流场中开展了涡振试验，试验主要内容为涡振锁定风速区间和涡振响应测试。由于方案二和方案三断面接近，方案三试验过程中未出现涡振，故未对方案二开展涡振试验。

得到了对应的 3 个研究结论：

①结构动力特性分析结果：3 个方案的动力特性计算结果见表 5-23。

3 个方案主要动力特性(单位：Hz)　　　　　　　　　　表 5-23

方案	竖弯频率		侧弯频率		扭转频率	
	一阶正对称	一阶反对称	一阶正对称	一阶反对称	一阶正对称	一阶反对称
方案一	0.097	0.076	0.038	0.073	0.207	0.165
方案二	0.097	0.073	0.039	0.063	0.246	0.214
方案三	0.097	0.073	0.039	0.061	0.223	0.217

②CFD 流固耦合结果：

a. 对于方案一，颤振问题不起控制作用，颤振临界风速高于 100m/s，即超过按规范计算的颤振检验风速（83.7m/s）。进一步开展了 3 种状态的竖弯涡振性能比选，扭转自由度固定，竖弯频率取 0.1840Hz，质量取 49000kg，均出现了明显的涡振。涡振最大振幅见表 5-24。

方案一涡振最大振幅（单位：m）　　　　　　　　表 5-24

断面形式	+3°风攻角	-3°风攻角
初步设计分流板开槽断面	0.25	0.35
初步设计分流板开槽+下尖角断面	0.47	0.40
初步设计风嘴开槽断面	0.46	0.30

b. 对于方案二，两种组合下，在+3°和-3°两个风攻角下的最小颤振临界风速见表 5-25。根据小牛 CFD 计算结果，方案二的原始设计及另外 3 种比选方案均不能满足规范要求。

方案二 CFD 模拟颤振临界风速和最不利风向角　　　　　　　　表 5-25

断面形式	小牛 CFD 计算结果				OpenFoam 计算结果			
	正对称组合		反对称组合		正对称组合		反对称组合	
	临界风速（m/s）	最不利风向角（°）	临界风速（m/s）	最不利风向角（°）	临界风速（m/s）	最不利风向角（°）	临界风速（m/s）	最不利风向角（°）
工况 1：原始断面，斜腹板 17.3°	77	-3	76	+3	70	-3	80	-3
工况 2：原始断面，风嘴处无外伸	82	-3	84	-3	75	-3	86	-3
工况 3：原始断面，斜腹板改为 16°	75	-3	76	-3	70	-3	80	-3
工况 4：工况 3 基础上风嘴处无外伸	79	-3	80	-3	75	-3	82	-3

c. 对于方案三，正对称组合下，在+3°和-3°两个风攻角下的最小颤振临界风速见表 5-26。对于 4 种断面，两种 CFD 软件计算得到的颤振临界风速均低于检验风速（83.7m/s）。

方案三 CFD 模拟颤振临界风速（正对称组合）和最不利风向角　　　　　　　　表 5-26

断面形式	小牛 CFD 计算结果		OpenFoam 计算结果	
	临界风速（m/s）	最不利风向角（°）	临界风速（m/s）	最不利风向角（°）
工况 1：原始断面，斜腹板 17.3°	72	-3	58	-3
工况 2：原始断面，风嘴处无外伸	82	-3	67	-3
工况 3：原始断面，斜腹板改为 16°	77	-3	58	-3
工况 4：工况 3 基础上风嘴处无外伸	82	-3	65	-3

③主梁节段模型测振试验结果：

颤振：进行了几何缩尺比为 1∶80 的节段模型风洞试验，共测试了 3 个方案的闭口箱梁，动力特性组合为一阶正对称竖弯和一阶正对称扭转。各方案的颤振临界风速见表 5-27。结果说明：方案一的颤振临界风速满足规范要求；方案二和方案三的颤振性能均不能满足规范要求。

各方案颤振临界风速(单位:m/s)　　　　　表 5-27

断面形式	+5°风攻角	+3°风攻角	0°风攻角	-3°风攻角	-5°风攻角
方案一原始断面	>90	>90	>90	90	>90
方案二原始断面	87.60	78.40	92.90	92.20	81.60
方案三初步设计闭口断面	68.31	82.48	77.92	77.42	66.79
方案三去除两侧分流板断面	—	55.66	56.67	83.49	—

涡振:风洞试验过程中,方案一在大多数工况下均有明显的涡振。在特定风攻角下,涡振峰值接近甚至超过规范限值,后续需要更大比例的节段模型风洞试验。

对于方案三进行了初步设计闭口断面在±5°、±3°和0°五个风攻角下的涡振性能检验,均未观察到明显的涡激共振现象。

第6章 深化方案结构动力特性分析

风不仅对结构产生静力作用,还会产生动力作用,引起高层建筑、各类高塔和烟囱等高耸结构、大跨度缆索承重桥梁、大跨径屋顶或屋盖、灯柱等柔性结构的振动,产生动力荷载,甚至引起破坏。结构的风致振动在很大程度上依赖于结构的外形、刚度(或柔度)、阻尼和质量特性。不同的外形将引起不同的风致动力荷载。结构刚度越小,柔性越大,则其风致振动响应就越大。结构的阻尼由多种因素产生,如结构材料内耗或部件之间的机械摩擦、结构和基础之间的相互作用、结构自身的质量、外部吸能装置等,结构的阻尼越大,其风致振动的响应就越小。

桥梁的自振频率及相应的振型宜采用有限元方法计算。桥梁结构有限元模型应与结构刚度特征相匹配,与约束条件相适宜,与质量和质量惯性矩分布相一致。采用杆系单元模拟桥梁主梁时,应根据主梁的结构形式选择与之相适应的模型进行刚度和质量分布等效模拟。对闭口箱形主梁断面形式,可采用单脊梁式模型;对开口分离式边梁断面形式,特别是平行索面斜拉桥或悬索桥,可采用三梁式模型进行动力特性计算,以较好地模拟主梁翘曲扭转刚度效应。

大跨径悬索桥、斜拉桥及拱桥的动力特性分析应考虑结构几何非线性的影响。这些结构在自重及恒载作用下产生的初始内力及形状的改变会影响结构的刚度,尤其是悬索桥依赖形状的改变获得结构刚度。因此,在动力特性分析过程中,首先需要考虑结构的各项非线性效应,确定合理的初始线形及初始内力。动力特性分析时需要考虑初始应力引起的刚度、几何变形引起的刚度以及结构刚度总体效应,并在此基础之上通过振型模态分析获取结构的动力特性。

本章主要分析了4m梁高和5m梁高的两种主梁截面方案的结构动力特性。

6.1 4m梁高方案

6.1.1 结构概述

深中通道伶仃洋大桥4m梁高方案跨径组合为500m + 1666m + 500m,主梁宽度为49.7m。图6-1为大桥整体结构布置图,图6-2为整体钢箱梁截面图(梁高4m),图6-3为检修道栏杆详图,图6-4为边缘防撞栏杆图,图6-5为中央防撞栏杆图。

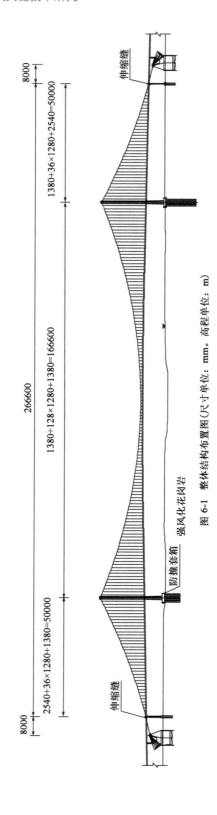

图 6-1 整体结构布置图（尺寸单位：mm。高程单位：m）

第6章 深化方案结构动力特性分析

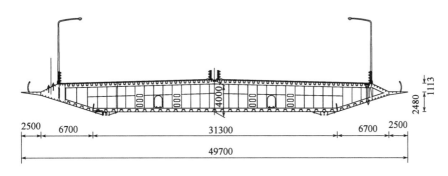

图6-2 梁截面图(尺寸单位:mm)

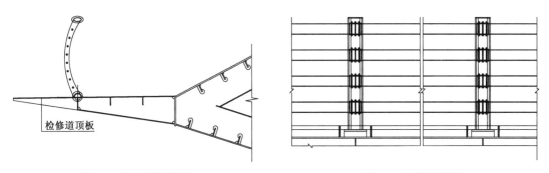

图6-3 检修道栏杆详图　　　　　图6-4 边缘防撞栏杆

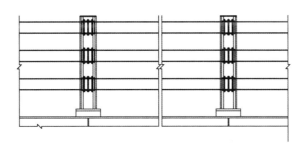

图6-5 中央防撞栏杆

6.1.2 有限元计算模型

在自然风的作用下,桥梁结构会在横向、竖向、纵向及扭转等方向发生静力变形与动力响应,因此必须建立能反映结构动力效应的三维有限元模型。

深中通道伶仃洋大桥有限元分析模型采用传统的鱼刺梁式的单脊梁,有限元模型三维视图如图6-6所示。本方案动力特性通过ANSYS有限元软件计算得到,采用空间梁单元BEAM4模拟整个主梁,采用质量点单元MASS21模拟主梁的质量和质量惯性矩,采用空间杆单元LINK8模拟拉索,均采用空间梁单元BEAM4模拟主塔各构件。在计算过程中,不考虑支座弹性。

77

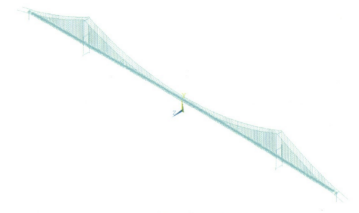

图 6-6　有限元模型三维视图

有限元模型主塔塔底、边墩墩底和主缆端部均采用6个方向自由度全部约束，主塔和主梁之间横向抗风支座采用主从约束z方向自由度，主梁端部和边墩主从约束横向和竖向位移以及主梁纵向扭转。整体模型约束体系如表6-1所示。表6-2和表6-3分别为原始方案（底板厚10mm）和优化方案（底板厚14mm）的主梁截面特性。

有限元模型约束体系　　表6-1

位置	自由度					
	d_x	d_y	d_z	θ_x	θ_y	θ_z
主塔塔底（墩底）、主缆地锚	√	√	√	√	√	√
主塔和主梁间	×	×	√	×	×	×
边墩墩底	√	√	√	√	√	√
主梁和边墩	×	√	√	√	×	×

注：d_x、d_y、d_z分别表示沿顺桥向、横桥向、竖向的平动位移，θ_x、θ_y、θ_z分别表示绕纵桥向、横桥向、竖向的转角位移。"√"代表约束，"×"代表放松。

深中通道伶仃洋大桥主梁截面特性（原始方案：底板厚10mm）　　表6-2

梁段	面积（m²）	竖向抗弯惯性矩（m⁴）	横向抗弯惯性矩（m⁴）	抗扭惯性矩（m⁴）
钢箱梁	1.799	4.95	291.097	13.68

深中通道伶仃洋大桥主梁截面特性（优化方案：底板厚14mm）　　表6-3

梁段	面积（m²）	竖向抗弯惯性矩（m⁴）	横向抗弯惯性矩（m⁴）	抗扭惯性矩（m⁴）
钢箱梁	1.99	5.65	321.83	16.0

6.1.3　动力特性计算结果

根据设计资料，采用通用有限元分析软件ANSYS对深中通道伶仃洋大桥成桥状态的动力特性进行计算分析。表6-4为原始方案（底板厚10mm）动力特性，表6-5为优化方案（底板厚14mm）动力特性。

第6章 深化方案结构动力特性分析

成桥状态结构动力特性(原始方案:底板厚10mm)　　表6-4

阶次	频率(Hz)	主梁等效质量				振型特点
		纵向(t/m)	竖向(t/m)	横向(t/m)	扭转(t·m²/m)	
1	0.0561	—	—	39.997	—	L-S-1
2	0.0760	45.732	116.684	—	—	主梁纵漂+V-A-1
3	0.1006	76.595	67.722	—	—	V-A-1
4	0.1014	—	42.156	—	—	V-S-1
5	0.1335	—	—	37.079	—	L-A-1
6	0.1354	—	42.621	—	—	V-S-2
7	0.1511	—	47.263	—	—	
8	0.1733	—	—	—	—	
9	0.1794	—	42.268	—	—	V-A-2
10	0.1842	—	—	—	—	
11	0.1884	—	—	—	—	
12	0.1885	—	—	—	—	
13	0.2051	—	—	42.533	—	V-S-3
14	0.2066	—	—	—	—	
15	0.2110	—	—	—	—	
16	0.2197	—	—	—	10007.34	T-S-1
17	0.2263	—	—	—	10776.52	T-A-1
18	0.2344	—	—	—	—	V-S-4

注:1.本表中的等效质量单位为t/m制。
2."—"表示数值较大。
3.L代表横弯,V代表竖弯,T代表扭转,S代表正对称,A代表反对称,如"V-S-1"表示第一阶正对称竖弯振型。

成桥状态结构动力特性(优化方案:底板厚14mm)　　表6-5

阶次	频率(Hz)	主梁等效质量				振型特点
		纵向(t/m)	竖向(t/m)	横向(t/m)	扭转(t·m²/m)	
1	0.0577	—	—	41.997	—	L-S-1
2	0.0760	51.563	129.322	—	—	主梁纵漂+V-A-1
3	0.1001	—	44.238	—	—	V-S-1
4	0.1009	89.103	71.126	—	—	V-A-1
5	0.1356	—	—	37.079	—	V-S-2
6	0.1389	—	42.621	—	—	L-A-1
7	0.1522	—	51.236	—	—	
8	0.1804	—	46.268	—	—	V-A-2
9	0.1834	—	—	—	—	

续上表

阶次	频率（Hz）	主梁等效质量				振型特点
		纵向（t/m）	竖向（t/m）	横向（t/m）	扭转（t·m²/m）	
10	0.1885	—	—	—	—	—
11	0.1931	—	—	—	—	—
12	0.1983	—	—	—	—	—
13	0.2016	—	—	46.684	—	V-S-3
14	0.2123	—	—	—	—	—
15	0.2174	—	—	—	—	—
16	0.2215	—	—	—	10307.769	T-S-1
17	0.2343	—	—	—	11232.377	T-A-1
18	0.2349	—	46.565	—	—	V-S-4

6.2 5m梁高方案

6.2.1 结构概述

5m梁高方案跨径组合为500m+1666m+500m，主梁宽度为51.32m（含分流板）。图6-7为大桥整体结构布置图，图6-8为桥塔立面图，图6-9为加劲梁横截面图，图6-10为分流板上高透风率栏杆。

6.2.2 有限元计算模型

本方案动力特性经ANSYS有限元软件计算得到。采用双主梁模型。主梁、桥塔采用BEAM4单元模拟，吊杆及主缆采用LINK10模拟。表6-6给出了全桥有限元模型的约束。

桥梁约束体系表　　　　　表6-6

项目	dx	dy	dz	θ_x	θ_y	θ_z
主塔承台底	1	1	1	1	1	1
主缆于锚碇和塔顶处	1	1	1	0	0	0
主塔与梁交界处	0	1	0	0	0	0
过渡墩处	0	1	1	1	0	0

注：dx、dy、dz分别表示沿顺桥向、横桥向、竖向的平动位移；θ_x、θ_y、θ_z分别表示绕纵桥向、横桥向、竖向的转角位移。1代表约束；0代表放松。

有限元模型三维视图如图6-11所示。

第6章 深化方案结构动力特性分析

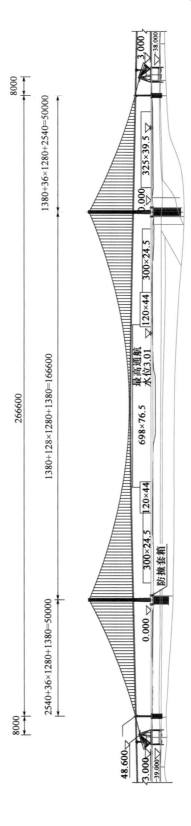

图6-7 大桥整体结构布置图(尺寸单位：cm。高程单位：m)

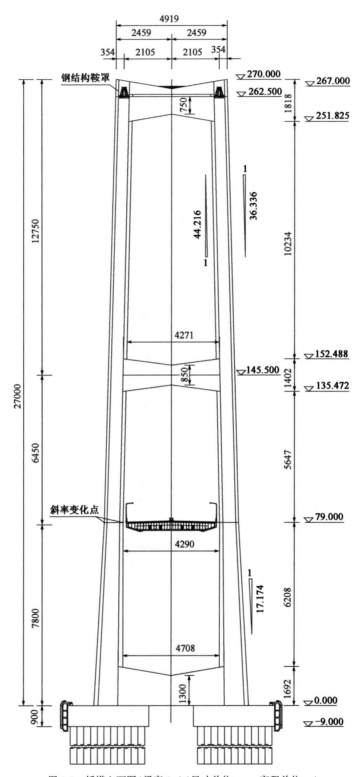

图6-8 桥塔立面图(梁高5m)(尺寸单位:cm。高程单位:m)

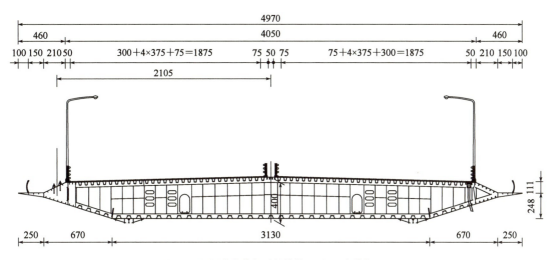

图 6-9　5m 梁高方案加劲梁横截面图(尺寸单位:cm)

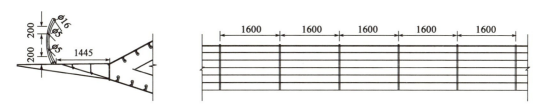

图 6-10　5m 梁高方案分流板上高透风率栏杆(尺寸单位:mm)

图 6-11　5m 梁高方案有限元模型三维视图

6.2.3　动力特性计算结果

5m 梁高方案有限元模型主要振型的频率和等效质量如表 6-7 所示。

5m 梁高方案主要振型的频率和等效质量　　　　　　表 6-7

振型描述	频率(Hz)	等效质量
一阶正对称侧弯	0.0393	3.81×10^4 t/m
一阶反对称侧弯	0.0835	6.45×10^4 t/m
一阶正对称竖弯	0.0986	4.44×10^4 t/m

续上表

振型描述	频率(Hz)	等效质量
二阶反对称竖弯	0.1170	$1.07 \times 10^7 t/m$
一阶正对称扭转	0.2335	$1.18 \times 10^7 t \cdot m^2/m$
一阶反对称扭转	0.2438	$1.26 \times 10^5 t \cdot m^2/m$

6.3 小结

本章深化研究了两种主梁高度方案的结构动力特性分析。

4m梁高方案中,主要的几阶阵型的频率为:一阶正对称侧弯0.0577Hz,一阶正对称竖弯0.1001Hz,一阶反对称竖弯0.1009Hz,二阶正对称竖弯0.1356Hz,二阶反对称竖弯0.1804Hz,一阶正对称扭转0.2215Hz。

5m梁高方案中,主要的几阶阵型的频率为:一阶正对称侧弯0.0393Hz,一阶反对称竖弯0.0835Hz,一阶正对称竖弯0.0986Hz,二阶反对称竖弯0.1170Hz,一阶正对称扭转0.2335Hz,一阶反对称扭转0.2438Hz。

第7章 节段模型风洞试验

本章从风速与雨强联合分布概率、高精度人工降雨条件、风雨作用效应、斜拉索风雨激振试验及数值模拟等方面介绍了风-雨-结构耦合作用效应研究成果。其中,前两项研究成果主要来自国家自然科学基金"超大跨度桥梁风致灾变关键效应与过程控制"(90715039),第三项研究成果主要来自国家自然科学基金"大跨度桥梁斜拉索风雨多相介质耦合振动的精细化研究"(90715015)和国家自然科学基金"超大跨度桥梁风致灾变关键效应与过程控制"(90715039)。

桥梁结构一般为柔长结构,在一个方向上有较大的尺度,而在其他两个方向尺度则相对较小。风对桥梁结构的作用近似地满足片条理论,可通过节段模型试验来研究桥梁结构的风致振动响应。通过桥梁节段模型试验,可以测得桥梁断面的三分力系数、气动导数等气动参数;通过节段模型试验可对桥梁结构进行二自由度的颤振临界风速试验和涡振响应测试。在大跨径桥梁结构初步设计阶段,一般都要通过节段模型试验来进行气动选型;对于一般大跨径桥梁结构,也要通过节段模型试验来检验其气动性能。因此,桥梁结构节段模型试验是十分重要的桥梁结构模型试验,也是应用最为广泛的风洞试验。

节段模型试验根据测试响应的不同,可以分为测力试验和测振试验;根据悬挂方式的不同,可以分为刚性悬挂节段模型试验、强迫振动试验和弹性悬挂节段模型试验。

刚性悬挂节段模型试验是将节段模型采用刚性杆直接固定在风洞内(或外),将固定杆与力传感器或天平相连,以测得桥梁断面在风作用下的阻力、升力和扭转力矩,测定桥梁结构断面在平均静气动力作用下的阻力、升力和扭转力矩及其随风攻角的变化(结果以三分力系数表示),测定桥梁结构断面在平均风作用下的表面压力分布。

强迫振动试验需要有一套悬挂并驱动节段模型在风洞内做简谐振动的机械装置。直接测定颤振自激力,可推算颤振导数,还可以直接研究颤振自激力本身的特性。此外,强迫振动试验还具有稳定、数据重复性好、可测量的折减风速范围宽、交叉项导数与对角项导数具有同等精度等优点。

弹性悬挂节段模型试验通过弹簧和支承装置将刚性节段模型悬挂在风洞内,使其产生竖向平动及绕节段模型截面重心转动的二自由度运动,测定桥梁结构的非定常气动力特性(气动导数、气动导纳)以及在非定常气动力作用下的稳定性和振动响应(颤振和涡激共振),测定桥梁结构主梁断面在非定常气动力作用下的表面压力分布状态,分析不同时刻的主梁断面压力分布变化情况。

7.1 节段模型风洞试验理论

7.1.1 小尺度节段模型风洞试验理论

7.1.1.1 测振试验相似理论

风洞试验有许多无量纲化后的相似准则,如雷诺数、斯托拉哈数、弗劳德数等,但这些准则经常不能同时满足。因此,在风洞试验中,根据实际需要严格执行某一部分相似准则,而舍弃另外一部分相似准则。

具体到节段模型测振试验,有 3 个基本相似比,分别是几何缩尺比、风速比以及密度比。其中,密度比往往可以不考虑,这是因为对用于结构风工程的低速风洞而言,模型和原型的空气密度基本一致。因此,节段模型测振试验的两个关键相似比为几何缩尺比和风速比,质量比、质量惯性矩比、频率比等均可通过这两个相似比推导得出。

此外,由于低阶振型在颤振试验中更容易被激发出来,所以节段模型一般只对实桥的第一阶竖弯和第一阶扭转频率进行模拟。据此,可根据几何缩尺比、风速比以及有限元分析得到的振动频率、等效质量、等效质量惯性矩设计节段模型。

7.1.1.2 测力试验相似理论

测力试验所遵循的相似理论与测振试验相比较为宽松,一般只模拟桥梁的几何外形,并保证有足够的刚度即可。因此,小尺度节段模型测振试验模型常常可以用来进行测力试验。

7.1.1.3 模型设计及风洞试验的基本原则

小尺度节段模型测振试验一般需要遵循的原则如下:

①节段模型的长宽比应尽量大,以使其满足片条假定。长宽比之值最小不应小于2。

②根据风洞实际条件,应使节段模型的两端与风洞内壁贴近,以缓解其在风作用下所产生的端部湍流效应,防止不满足片条假定的情况。

③如不能使风洞内壁与模型两端贴近,应在模型两端加设端板,以减轻湍流所带来的不利影响。

④风洞试验的阻塞率应控制在5%以下。

⑤节段模型自身的刚度应足够大,使其在竖弯和反对称扭转振动的频率大于试验过程中所关心的竖弯及扭转频率,以避免模型由于自身刚度不足而与试验所关心的理论频率产生耦合或其他影响。必要时,可通过有限元分析的方式对所设计模型的刚度进行验算。

⑥根据实桥等效质量及质量相似比所得到的模型质量,应理解为系统质量,包括纯模型质量、螺栓及吊臂质量、1/3 的弹簧质量。质量惯性矩亦是如此。

⑦在模型设计和加工过程中,应在刚度足够的情况下,使其质量和质量惯性矩尽量小,以便于后期进行调整。

⑧风速比需要根据节段模型的试验需求和风洞实际条件确定。对于颤振试验来说,需要保证所模拟的实桥风速大于颤振检验风速,必要时需保证所模拟的实桥风速比颤振检验风速大10%以上,以保证有足够的安全裕度。

⑨悬挂节段模型的弹簧需要有2组(其中,上弹簧4根,下弹簧4根)。市面上销售的弹簧,即使是同种型号也难免有刚度差异。一般通过大量购买弹簧,精确标定后从中挑选刚度差异小的弹簧以克服这一问题。此外,为使弹簧达到所需要的刚度和长度,一般需要对弹簧进行截取,截取过程中会产生一定的误差,这个问题可通过微调风速比的方式解决。

⑩对上、下弹簧的刚度比一般不做特别要求,可根据风洞的实际条件进行调整,并提前预估模型的振动幅度、模型在大风速下的下压或上抬量,确保试验过程中弹簧始终处于工作状态。必要的时候,可备2套甚至多套弹簧。如:节段模型在大的正风攻角及大风速时会上抬,在大的负风攻角及大风速时会下压;模型上抬时,如果下弹簧刚度低,会导致上弹簧收缩,严重时会出现吊臂与风洞内壁接触或刚度损失;模型下压时,如果上弹簧刚度低,会导致下弹簧收缩,严重时会导致下吊臂与风洞内壁接触、弹簧刚度损失甚至弹簧退出工作的现象。

7.1.2 大尺度节段模型风洞试验理论

7.1.2.1 测振试验相似理论

大尺度节段模型风洞试验的相似理论与小尺度无异,也是以几何缩尺比和风速比作为关键相似比,不再赘述。

7.1.2.2 模型设计及风洞试验的基本原则

大尺度节段模型试验的设计原则与小尺度节段模型试验的设计原则基本一致。特别需要注意的是,大尺度节段模型一般用于涡振试验。涡振是一种限幅振动,通常只会对行车的舒适性产生不利影响。对于实际工程,当风速达到27m/s时一般会封桥,因此涡振所关注的实桥风速一般只达到27m/s;同时,涡振有显著的风速锁定区间,因此需要设置较大的风速比以准确地找出风速锁定区间。

7.2 小尺度4m梁高方案

7.2.1 模型设计及试验准备

7.2.1.1 节段模型设计

小尺度节段模型主梁按几何缩尺比严格模拟主梁的几何外形,以确保气动外形和气动敏感构件的相似性。采用优质木材制作,栏杆、检修轨道、导流板等附属设施采用塑料板按图纸尺寸整体雕刻制作。模型照片见图7-1~图7-5。

图7-1 边缘防撞栏杆及风嘴导流板栏杆

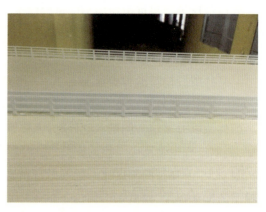
图7-2 中央防撞栏杆

图7-3 中央稳定板及边缘防撞栏杆

图7-4 检修车轨道及导流板

图7-5 风嘴导流板

7.2.1.2 风洞实验室

本次试验在西南交通大学 XNJD-1 风洞(图7-6)第二试验段中进行。该试验段断面为 2.4m(宽)×2.0m(高)的矩形,最大来流风速为45m/s,最小来流风速为0.5m/s。该试验段设有专门进行桥梁节段模型动力试验的装置。动力试验采用缩尺比为 1∶70 的节段模型,由 8 根拉伸弹簧悬挂在支架上,形成可竖向运动和绕模型轴线转动的二自由度振动系统。模型两端装上端板,以模拟风洞试验中的二元流动。试验支架置于洞壁外,以免干扰流场。

图 7-6　XNJD-1 风洞外观

7.2.1.3　试验仪器

主要测振试验仪器有:

①皮托管和微压差计。

②CRAS 6.2 振动及动态信号分析系统。

③计算机采集系统,包括数字式信号采样板、计算机以及相应软件。

采用非接触式激光位移传感器测量模型横向、竖向及扭转位移响应。横向通道信号为横向位移,两竖向通道信号和的一半为竖向位移,两竖向通道信号差与激光间距之比为扭转角。

非接触式激光位移传感器由德国铱测试技术公司制造,型号为 Micro-Epsilonopto NCDT1401(图 7-7),其量程为 200mm,静态测试精度为 40μm,支持的最大采样频率为 1kHz。

图 7-7　非接触式激光位移传感器

实际测量时,动态信号分析系统进行信号监测、数据采集,并做实时处理。采样频率为 512Hz,采样时长为 64s。

7.2.2 试验过程及试验内容

7.2.2.1 模型安装

将模型安装在 XNJD-1 风洞第二试验段,如图 7-8 和图 7-9 所示。

图 7-8 节段模型悬挂系统

图 7-9 激光位移计及弹簧布置

7.2.2.2 试验工况

本次试验工况为:

①成桥状态。

②中央稳定板高度为 1.2m。

③检修车轨道高度变化(原方案为 0.42m)。

④风嘴导流板栏杆透风率为 95%。

⑤检修车轨道处于不同位置。

7.2.3 试验结果

7.2.3.1 模型的振动特性

根据对颤振机理的认识,通过分析结构动力特性计算结果可知:成桥状态可能的颤振形态由竖弯基频和扭转基频控制。对于成桥状态,利用原始方案断面所测得的颤振导数对全桥进行了三维颤振分析,结果表明由正对称振型控制,故选择一阶正对称扭转与一阶正对称竖弯振型组合进行节段模型颤振稳定性试验。节段模型颤振稳定性试验参数如表 7-1 所示。

节段模型颤振稳定性试验参数　　　　表 7-1

试验参数	原始方案(底板厚10mm)		优化方案(底板厚14mm)	
	实桥	模型	实桥	模型
一阶正对称竖弯频率(Hz)	0.1010	1.1416	0.0999	1.151
一阶正对称扭转频率(Hz)	0.2196	2.4655	0.2217	2.566

续上表

试验参数	原始方案(底板厚 10mm)		优化方案(底板厚 14mm)	
	实桥	模型	实桥	模型
质量(kg/m)	42156	8.60	44134	8.65
等效质量惯性矩(kg·m²/m)	10007344	0.417	10307769	0.410
模型长度(m)	146.65	2.095	146.65	2.095
模型缩尺比	—	70	—	70
风速比	1	6.235	1	6.235
扭弯比	2.17	2.16	2.17	2.16
竖向阻尼比(%)	0.5	0.32	0.5	0.32
扭转阻尼比(%)	0.5	0.14	0.5	0.14

7.2.3.2 颤振检验结果

通过直接测量法测定主梁节段模型在不同工况下的颤振临界风速,并通过风速比(模型试验风速/实桥自然风速)推算出实桥的颤振临界风速。

针对成桥阶段主梁标准断面分别进行了 −3°~ +3°范围内间隔 1°的 7 种风攻角的试验,来流为均匀流。成桥状态各种风攻角下的颤振临界风速测试结果如表 7-2 所示。

小尺度节段模型颤振临界风速测试结果(方案一:底板厚 10mm)　　表 7-2

工况编号	检修车轨道位置	轨道导流板	颤振临界风速(m/s)						
			−3°风攻角	−2°风攻角	−1°风攻角	0°风攻角	1°风攻角	2°风攻角	3°风攻角
1	1/8	双侧	86.2	86.0	86.1	85.6	79.5	>90.1	83.7
2	1/8	无	85.2	85.2	84.3	85.6	85.2	80.7	85.6
3	1/10	双侧	81.5	81.7	82.9	81.3	79.5	>85.8	80.8
4	1/10	内侧	82.1	81.2	81.3	79.1	79.8	>85.5	80.7
5	1/14	无	>85.8	>85.9	84.8	85.9	>89.2	84.4	81.0
6	1/14	双侧	≫85.0	≫86.1	≫86.2	86.0	>88.3	>88.3	>85.4

注:1. 颤振检验风速为 83.7m/s。
　　2. "≫"为"远大于"颤振检验风速,">"为"较为接近"颤振检验风速。
　　3. 若存在"软颤振"现象,以扭转角位移 RMS 值大于 0.5°的风速作为颤振临界风速。

工况 4(检修车轨道距底板边缘梁宽 1/8 位置,导流板布置在内侧)在部分风攻角条件下出现了较为明显的软颤振现象,即扭转角位移随着风速的提高而逐渐增大却无发散趋势。图 7-10 和图 7-11 为对应工况下的扭转角位移 RMS 值随风速的变化曲线,图 7-12 和图 7-13 为典型颤振时程。由图 7-13 可看出:风攻角为 1°、风速为 79.8m/s 时扭转角位移时程范围在(−1°,+1°),保持等幅运动且不发散,图 7-14 和图 7-15 为其对应的频谱图。

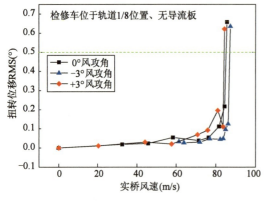
图7-10 工况2 风速-扭转位移 RMS 图

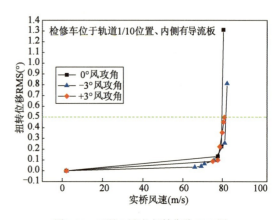
图7-11 工况4 风速-扭转位移 RMS 图

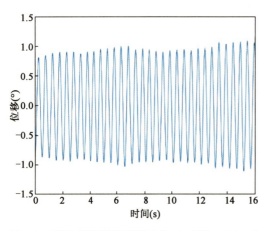
图7-12 工况2 颤振发散时程(风攻角=0°,风速=85.6m/s)

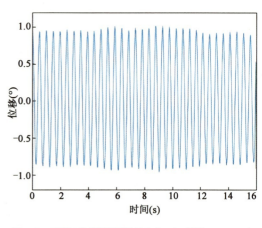
图7-13 工况4 软颤振时程(风攻角=0°,风速=79.8m/s)

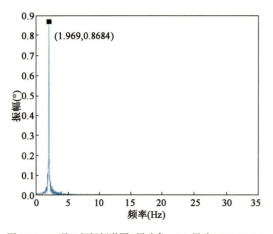
图7-14 工况2 颤振频谱图(风攻角=0°,风速=85.6m/s)

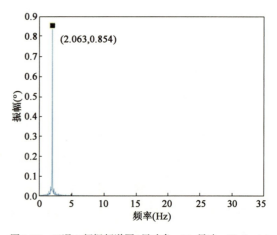
图7-15 工况4 颤振频谱图(风攻角=1°,风速=79.8m/s)

7.3 小尺度5m梁高方案

7.3.1 模型设计及试验准备

7.3.1.1 节段模型设计

为了方便模型的安装,同济大学TJ-2风洞利用2堵长度超过5m的木墙悬挂模型,因此小尺度节段模型的长度L_M一般设计为1.74m。根据对模型长宽比的要求,模型的宽度W_M满足:

$$W_M \leq \frac{L_M}{2} = 0.87\text{m}$$

添加分流板后的5m梁高方案的实桥宽度W_B为51.32m,因此模型的长度相似比λ_L应满足:

$$\lambda_L = \frac{W_M}{W_B} \leq \frac{0.87}{51.32} \approx \frac{1}{60}$$

为使模型更好地满足片条假定,采用长度相似比$\lambda_L = 1:80$设计模型,并取风速比为1:4。5m梁高方案小尺度节段模型的设计参数及振动特性见表7-3。

5m梁高方案小尺度节段模型设计参数 表7-3

参数	数值	参数	数值
长度相似比	1:80	模型质量	17.536kg
风速相似比	1:4	模型质量惯性矩	0.4545kg·m²
频率相似比	20:1	模型竖弯频率	1.670Hz
长度	1.74m	模型扭转频率	4.670Hz

采用两根外壁尺寸为25mm×38mm、壁厚为1mm的铝型材做骨架,用木板做桥梁的外形,桥梁上表面覆以ABS板。模型的设计图纸如图7-16所示。

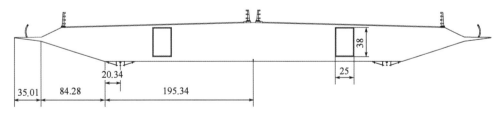

图7-16 小尺度节段模型设计图纸(尺寸单位:mm)

分流板上栏杆有两种方案:方案一为低透风率栏杆;方案二为高透风率栏杆,透风率为95%,如图7-17所示。检修轨道添加导流板并放置在最外侧,相应模型如图7-18所示。防撞栏杆及上中央稳定板如图7-19所示。

图 7-17 高透风率分流板上栏杆

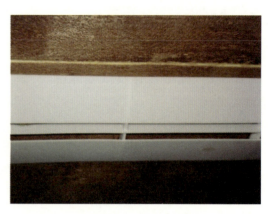
图 7-18 检修轨道与导流板

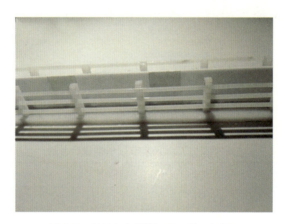
图 7-19 桥梁中防撞栏杆及上中央稳定板

7.3.1.2 风洞实验室

5m 梁高方案小尺度节段模型试验在同济大学 TJ-2 风洞完成。TJ-2 风洞为闭口回流式矩形截面风洞,建于 1994 年。整个回流系统水平布置。风洞由一台功率为 530kW 的直流电机驱动。风速的调节和控制采用计算机终端集中控制的可控硅直流调速系统。流场性能良好。在试验段的上游端安装了浮框式六分量汽车模型应变式测力天平及转盘系统,在试验段的下游端安装了一个用于边界层建筑结构模型试验的自动转盘系统。两个转盘系统均由电脑控制,直径均为 1.8m,并可扩大至 2.8m 左右。TJ-2 风洞的参数见表 7-4。

TJ-2 风洞参数 表 7-4

参数名称	参数值	参数名称	参数值
试验段尺寸	3.0m(宽)×2.5m(高)×15m(长)	湍流度	≤0.46%
试验风速	0.5~68m/s 连续可调	气流竖向偏角	≤±0.5°
速度不均匀性	≤1.0%	气流水平偏角	≤±0.5°

7.3.1.3 试验仪器

试验过程中所用到的主要仪器包括弹簧标定器 1 台、大量程激光位移计 4 块、DASP 数字采集仪 1 套。

弹簧标定器的型号为 PG-A-1000N(图 7-20),其最大的拉力值为 1000N。长度单位有 cm、mm 等多种,力单位有 kN、N、kg 等多种;有 2 种测量方式,分别是三段式和六段式。弹簧标定器能够输出测量过程中的位移值和力值,方便后期对数据进行精细化拟合。

大量程激光位移计(图 7-21)由日本松下电器公司制造。

DASP 数字采集仪(图 7-22)由北京东方振动和噪声技术研究所设计制造,单个采集仪最多可提供 16 个通道。

图 7-20　弹簧标定器

图 7-21　大量程激光位移计

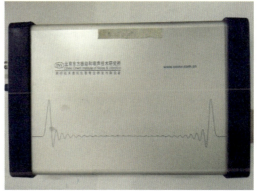

图 7-22　DASP 数字采集仪

7.3.1.4 试验仪器及规格

主要试验仪器如下:

①皮托管和微压差计。

②CRAS 6.2 振动及动态信号分析系统。

③计算机采集系统,包括数字式信号采样板、计算机以及相应软件。

④激光位移测量系统及仪器。

7.3.2　试验过程及试验内容

7.3.2.1　颤振试验模型安装

将模型安装在 TJ-2 风洞试验段来流方向约 3/5 位置处。采用两面长约 4m 的木墙悬挂模型,以便于模型的架设及风攻角调节。图 7-23 为模型安装完成后的照片。在模型的来流后端连接安全绳,以防颤振发散对模型造成不可修复的损坏。

图 7-23 小尺度节段模型

7.3.2.2 颤振试验工况

通过改变桥梁断面的栏杆、上(下)中央稳定板、检修轨道位置,形成不同的工况,通过试验获得每个工况下 0°、±1°、±2°、±3°风攻角的颤振临界风速,以期有一个或多个工况通过颤振检验。图 7-24 给出了 13 个不同工况下桥面布置的横截面图。

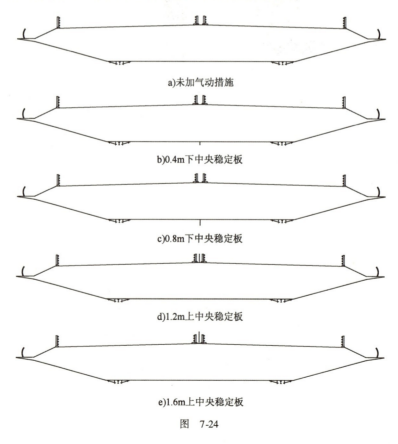

a)未加气动措施

b)0.4m下中央稳定板

c)0.8m下中央稳定板

d)1.2m上中央稳定板

e)1.6m上中央稳定板

图 7-24

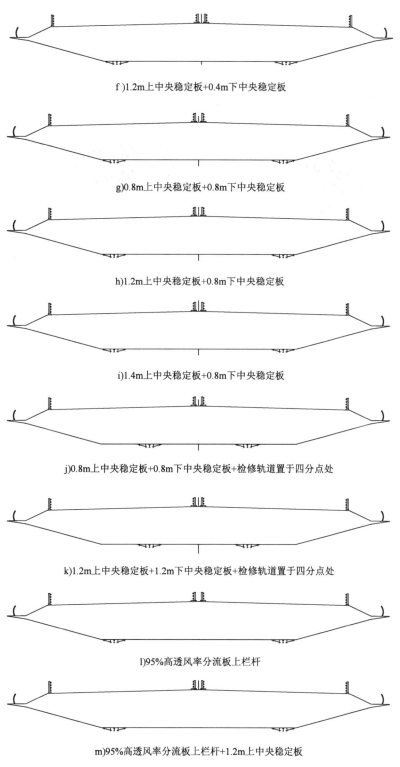

f)1.2m上中央稳定板+0.4m下中央稳定板

g)0.8m上中央稳定板+0.8m下中央稳定板

h)1.2m上中央稳定板+0.8m下中央稳定板

i)1.4m上中央稳定板+0.8m下中央稳定板

j)0.8m上中央稳定板+0.8m下中央稳定板+检修轨道置于四分点处

k)1.2m上中央稳定板+1.2m下中央稳定板+检修轨道置于四分点处

l)95%高透风率分流板上栏杆

m)95%高透风率分流板上栏杆+1.2m上中央稳定板

图7-24 5m梁高小尺度节段模型各工况断面示意图

7.3.2.3 测力试验模型安装

5m梁高方案测力试验所采用的节段模型(图 7-25)与小尺度测振试验所采用的模型一致。该试验也在 TJ-2 风洞进行,采用六分量测力天平进行试验。

a)前视图   b)斜视图

图 7-25 测力试验模型

7.3.2.4 测力试验工况

对成桥状态的 2 个工况和施工状态的 1 个工况分别进行了测力试验。在每个工况下,研究 –12°~ +12°风攻角下的三分力系数,风攻角间隔为 1°。各工况见图 7-26。表 7-5 给出了测力试验工况。

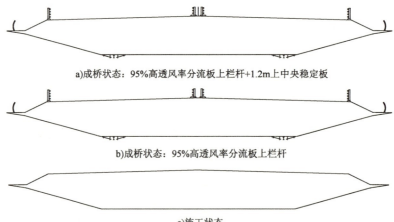

a)成桥状态:95%高透风率分流板上栏杆+1.2m上中央稳定板

b)成桥状态:95%高透风率分流板上栏杆

c)施工状态

图 7-26 测力试验各工况设置横截面图

测力试验工况表   表 7-5

工况	分流板上栏杆	检修轨道	道路两边防撞栏及中间防撞栏	上中央稳定板
1	95%高透风率	设导流板,置于四分点处	默认设计	1.2m 高
2	95%高透风率	设导流板,置于四分点处	默认设计	无
3	无	无	无	无

7.3.3 试验结果

7.3.3.1 模型的振动特性

通过 0m/s 风速下的竖弯、扭转激振试验,测得模型振动频率与设计频率的误差,如表 7-6 所示。

5m 梁高方案小尺度节段模型振动特性　　表 7-6

参数	实桥	模型理论值	模型实际值	误差
一阶反对称竖弯频率	0.0835Hz	1.67Hz	1.643Hz	−1.60%
一阶正对称扭转频率	0.2335Hz	4.67Hz	4.650Hz	−0.43%
竖向阻尼比	<0.5%	—	0.36%	—
扭转阻尼比	<0.5%	—	0.40%	—

模型的一阶反对称竖弯频率和一阶正对称扭转频率误差均能保持在 2% 以内,且这两阶振型的阻尼比均在 0.4% 以内,使得试验结果更安全。

7.3.3.2 颤振检验结果

小尺度节段模型颤振检验结果如表 7-7 所示。

5m 梁高方案小尺度节段模型颤振检验结果　　表 7-7

编号	工况	颤振临界风速(m/s)							检验风速(m/s)	备注
		+3°风攻角	+2°风攻角	+1°风攻角	0°风攻角	−1°风攻角	−2°风攻角	−3°风攻角		
1	设计断面不加措施	100.7 (57.5~96.4)	—	—	88.6	—	—	80.2	83.7	—
2	0.4m 下中央稳定板	—	—	—	—	—	—	80.2		—
3	0.8m 下中央稳定板	—	—	—	80.1	—	—	84.5		—
4	1.2m 上中央稳定板	—	—	—	94.5	—	—	78.9		—
5	1.6m 上中央稳定板	—	—	—	93.6	—	—	78.4		—
6	1.2m 上中央稳定板 + 0.4m 下中央稳定板	—	—	—	—	—	—	81.2		—
7	0.8m 上中央稳定板 + 0.8m 下中央稳定板	95.8 (62.3~87.4)	74.9	—	86.9	—	—	85.2		—
8	1.2m 上中央稳定板 + 0.8m 下中央稳定板	100.0 (72.3~95.1)	83.0	—	93.4	—	—	86.0		—
9	1.4m 上中央稳定板 + 0.8m 下中央稳定板	101.5 (75.0~96.7)	85.7	95.1	92.5	93.4	91.4	86.3		通过
10	0.8m 上中央稳定板 + 0.8m 下中央稳定板,检修轨道置于四分点	99.0 (62.8~96.9)	78.4	—	90.4	—	—	87.9		—
11	1.2m 上中央稳定板 + 1.2m 下中央稳定板,检修轨道置于四分点	101.3 (72.6~96.9)	85.0	92.2	94.5	95.4	94.7	86.9		通过

续上表

编号	工况	颤振临界风速(m/s)						检验风速(m/s)	备注
		+3°风攻角	+2°风攻角	+1°风攻角	0°风攻角	-1°风攻角	-2°风攻角	-3°风攻角	
12	分流板上栏杆95%透风率	94.4 (91.5~94.0)	100.8	92.3	97.2	93.2	92.8	91.5	83.7	通过
13	分流板上栏杆95%透风率+1.2m上中央稳定板	98.7	95.9	97.9	96.4	93.2	91.4	89.0		通过

注：表中风速后的括号表示在该区间有软颤振现象。

试验结果表明，工况9、工况11、工况12、工况13能够通过颤振检验。

图7-27展现了工况13在风攻角为-1°、实桥风速为81.00m/s时激振后的振幅衰减过程以及对应的频谱图。图7-28展现了工况12在风攻角为+1°、实桥风速为92.34m/s时的颤振发散过程以及对应的频谱图。图7-29展现了工况12在风攻角为+3°、实桥风速为94.37m/s时的软颤振位移时程以及对应的频谱图。

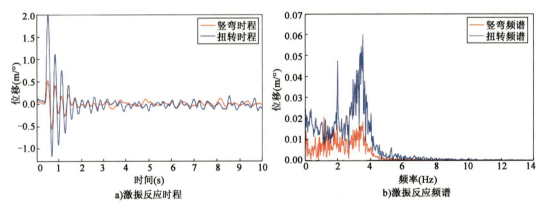

a)激振反应时程　　　　　　　b)激振反应频谱

图7-27　工况13在-1°风攻角下的激振反应

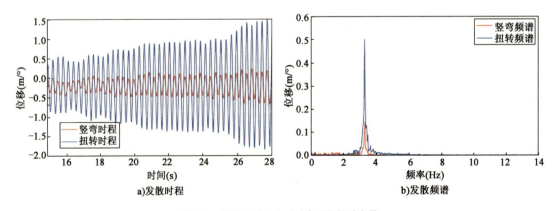

a)发散时程　　　　　　　b)发散频谱

图7-28　工况12在+1°风攻角下的振动发散

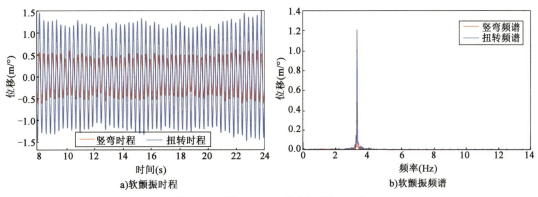

图7-29 工况12在+3°风攻角下的软颤振

7.3.3.3 三分力系数结果

根据测力试验得到2个成桥状态工况及1个施工状态的静力三分力系数变化趋势图,如图7-30所示。

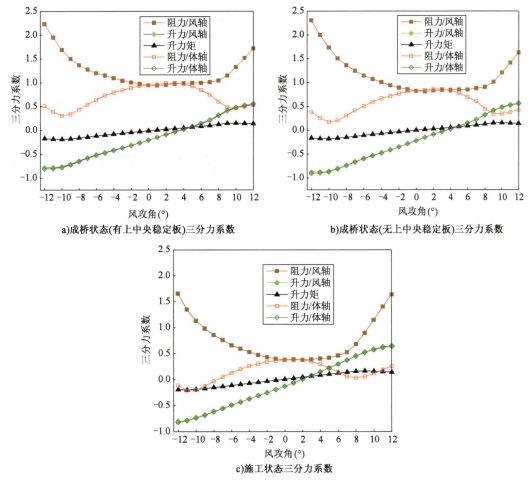

图7-30 成桥状态及施工状态三分力系数随风攻角变化图

7.4 大尺度4m梁高方案

7.4.1 模型设计及试验准备

7.4.1.1 节段模型设计

主梁1:25大尺度节段模型按照1666m跨径、4.0m梁高方案设计图纸进行设计。节段模型长3.9m,宽1.988m,高0.16m。为控制模型质量及质量惯性矩,并保证模型自身具有足够刚度,模型采用优质木材制作,扶手栏杆、检修轨道采用塑料板并由机器雕刻而成。模型细节见图7-31~图7-34。

图7-31 风嘴导流板透风率95%栏杆

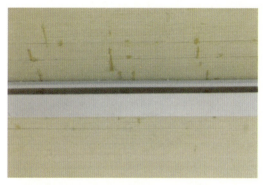

图7-32 检修车轨道及单侧导流板

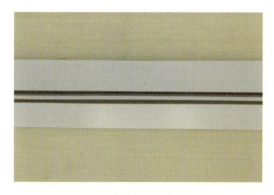

图7-33 检修车轨道及双侧导流板

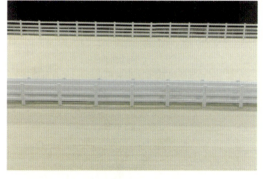

图7-34 中央防撞栏杆及1.2m高中央稳定板

主梁节段模型采用了较大的几何相似比($\lambda_L = 1:25$),根据节段模型涡振试验相似准则,可以确定节段模型各主要参数的相似比,如表7-8所示。

大尺度节段模型涡振试验相似比 表7-8

参数名称	符号	单位	相似比	相似要求
长度	L	m	$\lambda_L = 1:25$	几何相似比
风速	U	m/s	$\lambda_U = \lambda_L \lambda_f$	Strouhal 数相等

续上表

参数名称	符号	单位	相似比	相似要求
密度	ρ	kg/m³	$\lambda_\rho = 1$	材料密度不变
单位长度质量	m	kg/m	$\lambda_m = \lambda_\rho \lambda_L^2 = \lambda_L^2 = 1:20^2$	量纲不变
单位长度质量惯性矩	J_m	kg·m²/m	$\lambda_J = \lambda_m \lambda_L^2 = \lambda_L^4 = 1:20^4$	量纲不变
时间	t	s	$\lambda_t = \lambda_L/\lambda_U$	Strouhal 数相似
阻尼比	ξ	—	$\lambda_\xi = 1$	阻尼比相等

7.4.1.2 风洞实验室

大尺度节段模型风洞试验在世界上最大的边界层风洞——西南交通大学 XNJD-3 大型低速风洞中进行。该风洞是回流式风洞,试验段长 36m,宽 22.5m,高 4.5m。风洞空置时,风速范围为 0~16.5m/s,湍流度在 1.0% 以下。大尺度节段模型试验的目的是通过大尺度模型风洞试验,考察较高雷诺数条件下成桥状态和施工状态主梁的涡振性能,以求获得更为接近实桥的涡振锁定风速和振幅。

7.4.1.3 试验仪器

主要试验仪器如下:

①皮托管和微压差计。

②CRAS 6.2 振动及动态信号分析系统。

③计算机采集系统,包括数字式信号采样板、计算机以及相应软件。

④激光位移测量系统及仪器。

7.4.2 试验过程及试验内容

7.4.2.1 模型安装

节段模型由 8 根拉伸弹簧悬挂在风洞侧壁上,形成二自由度振动系统。由于模型端部距风洞侧壁较近,能够保证二元流动,因而未设置端板。节段模型悬挂系统如图 7-35 所示。

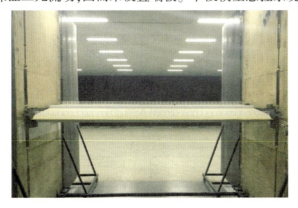

图 7-35 大尺度节段模型悬挂系统

7.4.2.2 试验工况

试验工况为：

①成桥态。

②中央稳定板高1.2m。

③检修车轨道高度变化(原方案为0.42m)。

④风嘴导流板栏杆透风率为95%。

⑤检修车轨道不同位置处(1/6、1/8、1/10、1/14、1/18梁宽位置)是否设置检修车轨道导流板。

考虑到检修车轨道位置对于涡振的影响，本次试验的具体试验工况见表7-9。

深中通道大尺度主梁节段模型试验工况表　　表7-9

工况	检修车轨道位置					导流板布置		
	1/6	1/8	1/10	1/14	1/18	无	双侧	内侧
工况1	√					√		
工况2	√						√	
工况3		√				√		
工况4		√					√	
工况5			√			√		
工况6			√				√	
工况7			√					√
工况8				√			√	
工况9					√		√	

7.4.3 试验结果

7.4.3.1 模型的振动特性

测振系统模拟了竖向和扭转两个自由度的振动特性。实桥结构主要参数与大尺度节段模型主要参数之间的对应关系如表7-10所示。

实桥结构与大尺度节段模型参数　　表7-10

参数	实桥	模型
一阶正对称竖弯频率(Hz)	0.1010	1.41
一阶正对称扭转频率(Hz)	0.2196	2.31
质量(kg/m)	42156	263.0
质量惯性矩(kg·m²/m)	10007344	99.9
模型长度(m)	97.5	3.9
模型缩尺比	—	25
竖弯风速比	1	1.79

续上表

参数	实桥	模型
扭转风速比	1	2.376
竖向阻尼比(%)	0.5	0.24
扭转阻尼比(%)	0.5	0.09

7.4.3.2 涡振检验结果

成桥态一阶正对称竖弯频率为 0.101Hz,一阶正对称扭转频率为 0.2196Hz。按照《公路桥梁抗风设计规范》(JTG/T D60-01—2004)第 7.2.6 条关于涡激共振振幅允许值的公式计算允许的竖向涡激共振振幅 h_c:

$$h_c = 0.04/f_b = 0.04/0.101 = 396 \text{(mm)}$$

扭转涡激共振振幅 θ_c 应满足:

$$\theta_c < [\theta_a] = \frac{4.56}{Bf_t} = \frac{4.56}{49.7 \times 0.2196} = 0.4178(°)$$

图 7-36 ~ 图 7-44 给出了不同试验工况下的扭转位移值与竖向位移值随风速变化图。

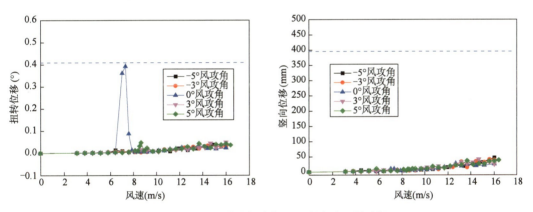

图 7-36 工况 1(检修车轨道位于 1/6 梁宽处,无导流板)

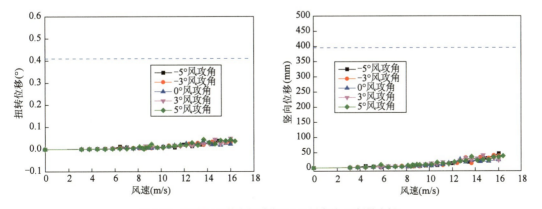

图 7-37 工况 2(检修车轨道位于 1/6 梁宽处,双侧导流板)

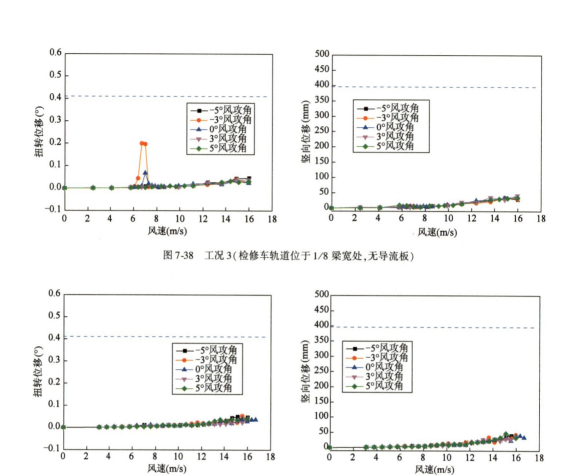

图 7-38　工况 3（检修车轨道位于 1/8 梁宽处，无导流板）

图 7-39　工况 4（检修车轨道位于 1/8 梁宽处，双侧导流板）

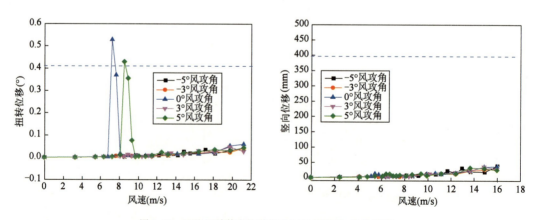

图 7-40　工况 5（检修车轨道位于 1/10 梁宽处，无导流板）

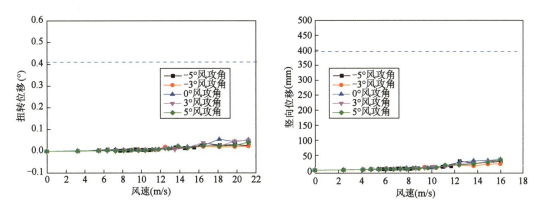

图7-41 工况6(检修车轨道位于1/10梁宽处,双侧导流板)

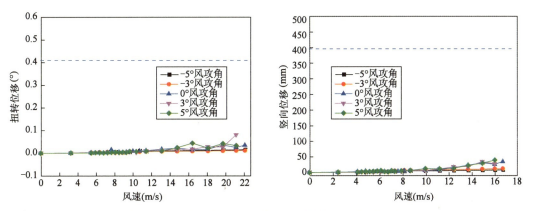

图7-42 工况7(检修车轨道位于1/10梁宽处,内侧导流板)

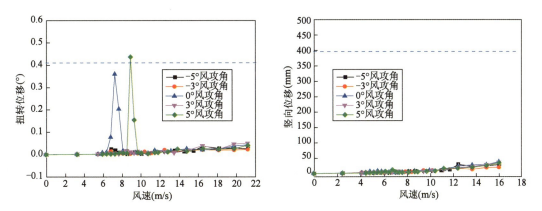

图7-43 工况8(检修车轨道位于1/14梁宽处,双侧导流板)

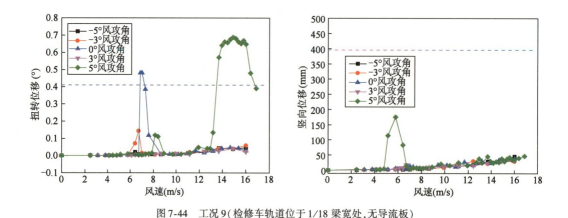

图 7-44 工况 9(检修车轨道位于 1/18 梁宽处，无导流板)

7.5 大尺度 5m 梁高方案

7.5.1 模型设计及试验准备

7.5.1.1 节段模型设计

为了方便模型的安装，在同济大学 TJ-3 风洞利用 2 面长度超过 5m 的木墙悬挂模型。大尺度节段模型的长度 L_M 设计为 3.6m。模型的宽度 W_M 应满足：

$$W_M \leqslant \frac{L_M}{2} = 1.8 \text{m}$$

添加分流板后的 5m 梁高方案的实桥宽度 W_B 为 51.32m，因此模型的长度相似比 λ_L 应满足：

$$\lambda_L = \frac{W_M}{W_B} \leqslant \frac{1.8}{51.32} \approx \frac{1}{28.5}$$

为使模型更好地满足片条假定，采用长度相似比 $\lambda_L = 1:30$ 设计模型，并取风速比为 1:1.5。5m 梁高方案大尺度节段模型的设计参数及振动特性见表 7-11。

5m 梁高方案大尺度节段模型设计参数及振动特性　　表 7-11

参数	数值	参数	数值
长度相似比	1:30	模型质量	258.00kg
风速相似比	1:1.5	模型质量惯性矩	47.56kg·m²
频率相似比	20:1	模型竖弯频率	1.670Hz
长度	3.6m	模型扭转频率	4.670Hz

采用 1 根外壁尺寸为 100mm×100mm、壁厚为 4mm 的钢管和 2 根外壁尺寸为 25mm×80mm、壁厚为 1mm 的铝管作为主梁骨架，采用 12 根外壁尺寸为 25mm×80mm、壁厚为 1mm 的铝管作为横梁，用 15mm 细木工板制作主梁外形，用 9 厘板作为内模把骨架和外壳连接起来，在主梁上留足够的空间以便于后期添加配重。模型设计图纸如图 7-45 所示。

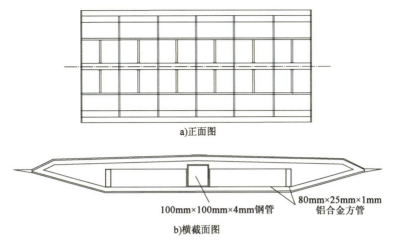

图 7-45　5m 梁高方案大尺度节段模型设计图

模型的分流板上栏杆的透风率设置为95%，相应模型如图7-46所示。检修轨道及导流板模型如图7-47所示。桥梁的边防撞栏、中防撞栏以及桥面板模型如图7-48所示。

图 7-46　高透风率分流板上栏杆

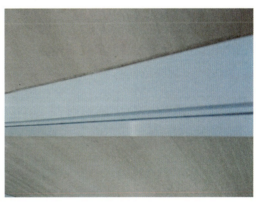

图 7-47　检修轨道与导流板

图 7-48　桥梁边防撞栏、中防撞栏杆及桥面板示意图

7.5.1.2 风洞实验室

5m梁高大尺度节段模型试验在同济大学TJ-3风洞进行。TJ-3风洞是一座闭口竖向回流式矩形截面低速风洞,建于1993年,其规模在同类边界层风洞中居世界第二位。该风洞由并列的7台直流电机驱动风扇,每台电机额定功率为45kW,额定转速为750r/min。风速的调节和控制采用计算机终端集中控制的可控硅直流调速系统,流场性能良好。该风洞中设有一直径为3.8m的钢转盘,可根据需要在其上增加圆木板扩大转盘的直径,转盘的直径最大可达到6.9m。转盘在电脑控制下可按需要进行转动,以改变风向。表7-12给出了TJ-3风洞参数。

TJ-3风洞参数　　表7-12

参数名称	参数值	参数名称	参数值
试验段尺寸	15m(宽)×2.0m(高)×14m(长)	湍流度 I_u	≤2.0%
试验风速	1.0~17.6m/s 连续可调	气流竖向偏角 Δ_α	≤±0.2°
速度不均匀性 $\delta u/U$	≤1.9%	气流水平偏角 Δ_β	≤±0.1°

7.5.1.3 试验仪器

试验过程中所用到的主要仪器包括弹簧标定器1台、大量程激光位移计4块、DASP数据采集仪1套,具体介绍见第7.3节。

7.5.2 试验过程及试验内容

7.5.2.1 模型安装

模型安装在TJ-3风洞试验段来流方向约1/3位置处。采用两堵长度约为5m的木墙悬挂模型,以便于模型的架设及风攻角调节,并能有效地防止端部湍流。图7-49为安装完成后的模型。

图7-49　大尺度节段模型

7.5.2.2 试验工况

基于小尺度节段模型的试验结果,确定分流板上栏杆采用高透风率形式。根据桥梁上有、无中央稳定板,形成2个工况,分别研究每个工况下0°、±3°、±5°风攻角下的涡振稳定性。图7-50给出了试验工况的横截面图。

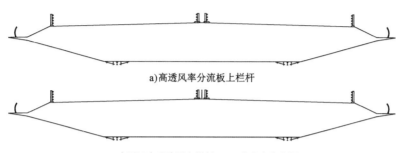

a) 高透风率分流板上栏杆

b) 高透风率分流板上栏杆+1.2m上中央稳定板

图7-50　5m梁高大尺度节段模型横截面

7.5.3　试验结果

7.5.3.1　模型的振动特性

采用0m/s风速下激振方法测量得到的模型实际振动特性与理论值的对比如表7-13所示。

5m梁高方案大尺度节段模型振动特性　　　　表7-13

参数	实桥	模型理论值	模型实际值	误差
一阶反对称竖弯频率	0.0835Hz	1.67Hz	1.650Hz	-1.20%
一阶正对称扭转频率	0.2335Hz	4.67Hz	4.684Hz	+0.30%
竖向阻尼比	<0.5%	—	0.39%	—
扭转阻尼比	<0.5%	—	0.36%	—

模型一阶反对称竖弯频率和一阶正对称扭转频率的误差均能保持在2%以内,且这两阶振型的阻尼比均在0.4%以内,从而使试验结果更安全。

7.5.3.2　涡振检验结果

计算5m梁高方案的竖弯涡振和扭转涡振的允许振幅:

$$h_c = 0.04/f_b = 0.04/0.0835 = 479(\text{mm})$$

$$\theta_c < [\theta_a] = \frac{4.56}{Bf_t} = \frac{4.56}{51.32 \times 0.2335} = 0.3805(°)$$

图7-51a)给出了工况1不同风攻角下竖向位移随风速变化的曲线。图7-51b)给出了工况1不同风攻角下扭转位移随风速变化的曲线。图7-51a)表明在风速低于24m/s时,桥梁不会发生竖弯涡振。图7-51b)表明在风速低于24m/s且风攻角为+3°或+5°时,桥梁会发生显

著的扭转涡振,但幅值小于规范限值的1/2。综合图7-51可知,工况1对应的断面形式抵抗涡振的性能良好。

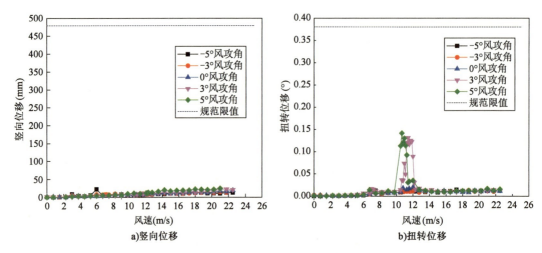

图7-51 工况1位移随风速变化图

图7-52a)给出了工况2不同风攻角下竖向位移随风速变化的曲线。图7-52b)给出了工况2不同风攻角下扭转位移随风速变化的曲线。图7-52a)表明在风速低于24m/s时,桥梁不会发生竖弯涡振。图7-52b)表明在风速低于24m/s且风攻角为+3°或+5°时,桥梁会发生显著的扭转涡振,但幅值小于规范限值的1/2。图7-52表明工况2对应的主梁断面形式抵抗涡振的性能良好。

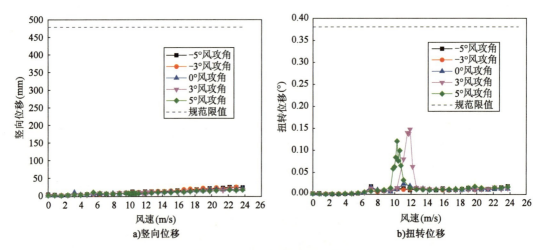

图7-52 工况2位移随风速变化图

此外,结合图7-51b)和图7-52b)可以发现实桥有2个扭转涡振区间,分别是在风速为7m/s左右时和12m/s左右时。

图7-53给出了工况1在风攻角为+5°、实桥风速为11.25m/s时的振动时程曲线和相应的频谱图。

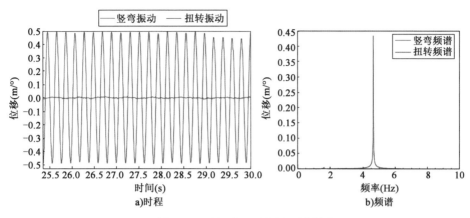

图 7-53 工况 1 在 +5°风攻角下的振动

7.5.4 高阶涡振验算

表 7-14 给出了桥梁前 60 阶振型中的扭转振型。

5m 梁高方案前 60 阶振型中的扭转振型 表 7-14

振型描述	振型频率(Hz)	振型描述	振型频率(Hz)
一阶正对称扭转	0.2335	三阶正对称扭转	0.4136
一阶反对称扭转	0.2438	四阶正对称扭转	0.5985
二阶正对称扭转	0.3676	三阶反对称扭转	0.6648
二阶反对称扭转	0.3920	—	—

高阶扭转振型的涡振限幅幅值如表 7-15 所示。

高阶扭转振型的涡振限幅幅值 表 7-15

振型描述	振型频率(Hz)	涡振限幅幅值(rad)
一阶正对称扭转	0.2335	0.3805
一阶反对称扭转	0.2438	0.3645
二阶正对称扭转	0.3676	0.2417
二阶反对称扭转	0.3920	0.2267
三阶正对称扭转	0.4136	0.2148
四阶正对称扭转	0.5985	0.1485
三阶反对称扭转	0.6648	0.1337

对工况 1,涡振幅值最大时对应的风速为 10.7m/s,最大幅值为 0.1415rad;对工况 2,涡振幅值最大时对应的风速为 11.8m/s,最大幅值为 0.1478rad。根据以上数据计算得到的高阶扭转涡振峰值对应风速及涡振峰值与规范限值的对比结果如表 7-16 所示。

高阶扭转涡振峰值对应风速及涡振峰值与规范限值的对比　　　表 7-16

振型描述	振型频率（Hz）	规范建议限值（rad）	工况1涡振峰值对应风速(m/s)	工况1检验结果	工况2涡振峰值对应风速(m/s)	工况2检验结果
一阶正对称扭转	0.2335	0.3805	10.7	通过	11.8	通过
一阶反对称扭转	0.2438	0.3645	11.1	通过	12.3	通过
二阶正对称扭转	0.3676	0.2417	16.8	通过	18.5	通过
二阶反对称扭转	0.3920	0.2267	17.9	通过	19.8	通过
三阶正对称扭转	0.4136	0.2148	18.9	通过	20.9	通过
四阶正对称扭转	0.5985	0.1485	27.4	通过	30.2	通过
三阶反对称扭转	0.6648	0.1337	30.4	不通过	33.5	不通过

由表 7-16 可知,对于工况 1,当风速为 27.4m/s 时,扭转涡振峰值小于规范限值,且此时风速高于 25m/s,满足要求;对于工况 2,当风速为 30.2m/s 时,扭转涡振峰值小于规范限值,且此时风速高于 25m/s,满足要求。

7.5.5　补充试验

受 TJ-3 风洞的条件和模型的动力参数限制,无法在保证大尺度节段模型的要求下把实桥风速吹到伶仃洋大桥桥面高度处的基准风速(60.14m/s)。鉴于此,基于工况 2,将模型 64% 的质量卸载,保持模型的扭弯频率比及体系的刚度不变,再次进行风洞试验。这样做的依据是较小的等效质量将会使得实桥的涡振性能更差,从而使试验结果偏安全。

表 7-17 给出了补充试验的模型振动特性。

5m 梁高方案大尺度节段模型补充试验振动特性　　　表 7-17

参数	实桥	模型理论值	模型实际值	误差
一阶反对称竖弯频率	0.0835Hz	0.139Hz	0.141Hz	+1.40%
一阶正对称扭转频率	0.2335Hz	0.389Hz	0.385Hz	−1.00%
竖向阻尼比	<0.5%		0.45%	—
扭转阻尼比	<0.5%		0.48%	—

图 7-54 给出了该工况下的竖向位移响应和扭转位移响应。

图 7-54a)表明卸掉质量后,在 0°、−3°、−5°风攻角且实桥风速大于 48m/s 时,由于抖振的作用,桥梁的竖向位移超出了规范限制的涡振竖弯位移幅值。考虑到大风速时会封桥,可以认定试验结果足够安全。

图 7-54b)表明卸掉质量后,在风攻角为 +3°、实桥风速为 19.8m/s 时,扭转位移响应超出了规范限制的涡振扭转位移幅值。结合图 7-52b)和图 7-54b)可以发现卸掉质量前和卸掉质量后,扭转位移均出现了 2 个涡振区间,同时图 7-54b)表明在 2 个扭转涡振区间后没有再出现涡振区间,且此后的扭转位移幅值也未超出规范限值。综合以上数据,认为 5m 梁高方案的涡振性能良好。

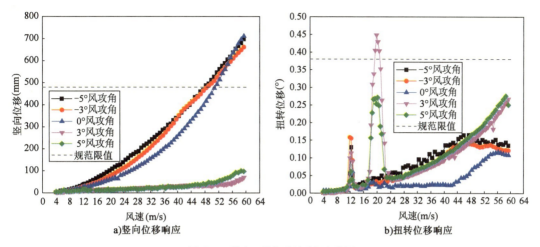

a) 竖向位移响应　　　　b) 扭转位移响应

图 7-54　补充工况位移随时间变化图

7.6 小结

7.6.1 4m 梁高方案

7.6.1.1 小尺度节段模型颤振试验结论

小尺度节段模型颤振试验结果表明：

①当检修道栏杆透风率为 93%、中央稳定板高度为 1.2m、底板厚度为 10mm、检修车轨道置于 1/10 底板位置处、高度为 43cm 时，无论是否设有检修车轨道导流板，主梁颤振临界风速均略小于颤振检验风速；若处于 1/14 位置，可满足颤振检验要求。

②部分工况存在软颤振现象，以扭转振动均方根达到 0.5°时对应的风速作为颤振临界风速。

7.6.1.2 大尺度节段模型涡振试验结论

大尺度节段模型涡振试验结果表明：

①在扭转阻尼比为 0.09% 的条件下，工况 5、工况 8、工况 9（检修车轨道分别置于 1/10、1/14 和 1/18 底板宽度位置且不设置导流板）下，在风攻角为 0°和 5°时扭转涡振现象较为明显，且不同程度地超过了规范允许的限值；工况 1（检修车轨道置于 1/6 底板宽度位置且不设置导流板）下，在风速为 7m/s 时扭转涡振振幅较大，接近但未达到规范限值。

②检修车轨道距离底板中心越近，涡振性能越好。增设检修车轨道导流板可以较为明显地抑制涡振。

③检修车轨道位于 1/10 底板宽度位置，加设双侧或单侧轨道导流板，在 0.09% 的扭转阻尼和 0.24% 的竖向阻尼下，均未发现明显的涡振现象，推荐采用。

7.6.2 5m梁高方案

7.6.2.1 小尺度节段模型颤振试验结论

小尺度节段模型颤振试验表明表7-18中的4个工况能够通过颤振检验。由该表可知,分流板上栏杆的透风率对颤振性能有显著的影响。颤振检验风速为83.7m/s。

能够通过颤振检验的4个工况　　　　　　　　　　　　　　　表7-18

工况	桥梁断面形式				不同风攻角下最小颤振临界风速(m/s)
	上中央稳定板	下中央稳定板	分流板上栏杆	检修轨道位置	
1	1.4m	0.8m	低透风率	下底板边缘	85.7
2	1.2m	1.2m	低透风率	下底板四分点	85.0
3	无	无	95%高透风率	下底板边缘	91.5
4	1.2m	无	95%高透风率	下底板边缘	89.0

7.6.2.2 大尺度节段模型涡振试验结论

大尺度节段模型涡振试验表明表7-19中的2个工况能够通过涡振检验。

能够通过涡振检验的2个工况　　　　　　　　　　　　　　　表7-19

工况	桥梁断面形式				最大涡振位移与规范限值的比值(%)
	上中央稳定板	下中央稳定板	分流板上栏杆	检修轨道位置	
1	无	无	95%高透风率	下底板边缘	37.2
2	1.2m	无	95%高透风率	下底板边缘	38.8

第8章 全桥气动弹性模型测振试验

受风洞尺寸的限制,建筑结构的风洞试验一般是利用缩尺模型进行的。如何保证模型试验和实际情况之间的流动相似性以及如何把模型试验结果应用到实际原型上等问题,引出了一系列有关物理相似性问题和必要基础理论的研究,其主要目标是寻求一组无量纲数以及对流动和置于流动中的结构和试验模型均适用的相似准则。目前,已根据各种相似性要求提出了一些模型风洞试验需要遵循的相似准则。然而,有些相似准则在常规试验条件下是无法得到满足的,有些是互不相容的。因此,研究者在设计风洞试验模型时,往往不得不进行权衡,抓住一些重要的因素,放弃一些次要的或者难以实现的相似要求。

1954 年,Farquharson 对风毁的旧塔科马桥进行了全桥模型试验,开创了用全桥气动弹性模型测振试验检验桥梁抗风性能的先河。随着桥梁结构风工程的迅速发展,特别是 20 世纪 60 年代,紊流对桥梁结构的影响逐渐受到关注,桥梁抖振、气动稳定性和桥梁结构的涡激共振等都受到紊流的影响。全桥气动弹性模型测振试验可更为充分地模拟大气边界层的紊流,更为直接地模拟桥梁结构在紊流风作用下的气动响应,更为真实地反映桥梁结构在实际大气边界层中的气动稳定性和风致振动响应。特别重要的大跨径桥梁一般都要进行全桥模型的风洞试验。

为了确保全桥气动弹性模型真实地反映实际桥梁结构在大气边界层中的响应,必须满足如下两个条件:①模型试验的流场与实际桥位附近的流场相似;②全桥气动弹性模型测振试验与实际桥梁结构的动力特性和外形相似。

本章从介绍全桥气动弹性模型风洞试验理论开始,详细给出了 4m 梁高和 5m 梁高的全桥气动弹性模型测振试验,得到了试验结果并给出结论。

8.1 全桥气动弹性模型风洞试验理论

8.1.1 相似理论

针对不同的桥型,全桥气动弹性模型的相似理论不尽相同。由于伶仃洋大桥是悬索桥,因此这里仅讨论悬索桥全桥气动弹性模型的相似理论。

考虑到悬索桥主缆的重力刚度效应,在悬索桥气动弹性模型设计中,必须严格满足弗劳德数的一致性条件。表 8-1 给出了设计悬索桥全桥气动弹性模型时各构件的相似性要求。

表 8-1 设计悬索桥全桥气动弹性模型时各构件的相似要求

构件		形状相似	刚度相似				气动力相似	不考虑
			轴向刚度	x方向抗弯刚度	y方向抗弯刚度	抗扭刚度		
主梁	箱梁	√	—	√	√	√	—	—
	护栏	√	—	—	—	—	—	—
	检修道栏杆	√	—	—	—	—	—	—
	检修车轨道	√	—	—	—	—	—	—
主缆及吊杆		—	√	—	—	—	√	—
桥塔	塔柱	√	√	√	√	√	—	—
	横梁	√	—	√	√	√	—	—
基础		—	—	—	—	—	—	√

8.1.2 模型设计及风洞试验的基本原则

全桥气动弹性模型测振试验一般需要遵循的原则如下：

①模型的几何缩尺比应根据风洞的高度和宽度确定，并确保阻塞率不超过5%。此外，由于悬索桥全桥气动弹性模型的风速比由几何缩尺比唯一确定，在几何缩尺比确定后，应验算风洞实际最大风速所对应的实桥风速，确保该风速值大于颤振检验风速。

②斜拉桥桥型可通过垫高桥的来流一侧或背侧形成不同风攻角，而悬索桥则不行。这是因为悬索桥具有重力刚度效应，如果垫高桥的一侧将使得索形发生改变。对于悬索桥，一般采用垫不同角度的坡板形成不同的风攻角。

③全桥气动弹性模型应确保前若干阶振型与实桥的振型频率对应。

④悬索桥一般采用泡沫塑料模拟几何外形，采用芯棒模拟刚度。为了防止泡沫塑料对模型的刚度形成干扰，一般采用节段泡沫连续拼装的方法模拟主梁外形。

⑤悬索桥的重力刚度效应需要采用主缆丝上的质量块进行模拟，质量块的质量应根据对应的相似比确定。

8.2 4m梁高方案

8.2.1 模型设计及试验准备

8.2.1.1 全桥气动弹性模型设计

主缆模拟的基本原则是气动力相似、质量相似和拉伸刚度相似。根据全桥模型设计的基本情况，几何相似比 $\lambda_L=1:134$，风速比 $\lambda_V=1:\sqrt{134}=1:11.58$。由于满足拉伸刚度要求的模型钢丝质量小于相似关系所要求的主缆质量，直径也小于缩尺后的主缆直径，因而在其外部套铜块套筒和硬质塑料套筒进行直径补充和质量补充，使之满足质量和外形相似要求，同时需要满足气动力相似关系。经计算,模型的主缆采用 39 根直径 0.1mm 的钢丝组成,其拉伸刚度均与实桥主跨相同。选择的铜块套筒及塑料套筒外径为 8.0mm,内径为 3mm,且主缆每 11 个长铜块套筒之间设置 1 个长塑料套筒。吊杆采用应力水平较低的直径为 1mm 的铜线模拟拉伸刚度,以保持其拉伸状态(忽略刚度的影响)。主缆模型见图 8-1。

图 8-1 主缆模型

伶仃洋大桥加劲梁采用扁平钢箱梁。为了满足几何相似和竖向、横向、扭转刚度相似条件,采用优质发泡塑料和玻璃钢劲性骨架模拟主梁的几何外形,既保证了足够的刚度,又提供了气动外形。在加劲梁的扭转中心,用凹形钢芯梁模拟加劲梁的竖向、横向和扭转刚度。模型芯梁全长分布为 3.73m + 12.43m + 3.73m。主梁模型的质量由芯梁、外模及配重组成。为了消除发泡塑料外形及玻璃钢劲性骨架对刚度的影响,并准确模拟结构的振动振型,将全桥划分为 105 个节段。风嘴导流板采用 1mm 薄钢片并与外模粘接。为了避免梁段之间的碰撞影响试验精度,梁段与梁段之间留有 2mm 的空隙。图 8-2 为优化方案的芯梁截面尺寸,图 8-3、图 8-4 分别为外模俯视图和侧视图。

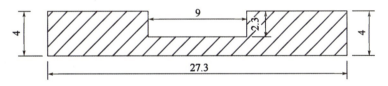

图 8-2 芯梁截面尺寸(尺寸单位:mm)

图 8-3 外模俯视图

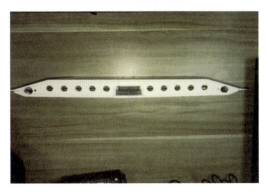

图 8-4 外模侧视图

根据设计资料,附属设施主要包括检修道栏杆、下检修轨道、桥面系的边防撞栏杆、中央防撞栏杆及风障。这些附属设施可提供部分质量和质量惯性矩,不参与刚度模拟。由于全桥模型的缩尺比一般较小,若栏杆等附属设施完全按照实际方案缩尺,可能给加工带来很大困难,为此,可按照"透风率相等"的原则对栏杆等构件进行适当的简化(图8-6)。

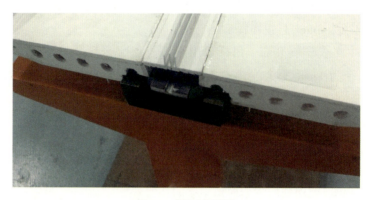

图8-5　芯梁实际效果

桥塔的气动外形由优质木材模拟,其构造原则与主梁相同。采用铅配重调整各段的质量,使之满足相似要求。桥塔的弯曲刚度由钢板数控加工制成的芯梁提供,芯梁截面为矩形,使塔柱、横梁在面内外的弯曲刚度满足相似关系,由于桥塔在横桥上是一超静定框架结构,必须整体考虑桥塔的刚度,才能使得横向刚度符合要求,从而实现结构动力特性相似。图8-7给出了桥塔模型实际效果。

图8-6　附属设施　　　　　　　图8-7　桥塔模型实际效果

为了测试不同风攻角条件下全桥气动弹性模型的抗风性能,通过铺设不同类型的坡脚板模拟来流风攻角。坡脚板由贴近地面的曲线段和直线段组成。曲线段在背风侧时,模拟正风攻角;曲线段在迎风侧时,模拟负风攻角。基于CFD数值计算,直线段长度为2.51m,圆弧段半径为2.38m,弧长为1.032m,通过调整支撑高度,使风攻角在 $-3°\sim +3°$ 范围内根据试验要求调整。采用ANSYS ICEM软件,对计算域进行了结构化网格划分。计算域高4.5m,宽22.5m,计算雷诺数为26400,第一层网格高度为0.00028m,无量纲壁面距离 y^+ 控制在1以内,网格扩展率为1.05,总网格数量约为10万。将计算得到的结果作为初步结果,并在XNJD-3风洞进行试验验证与修正,得到最终设计结果。CFD数值计算结果如图8-8和图8-9所示。

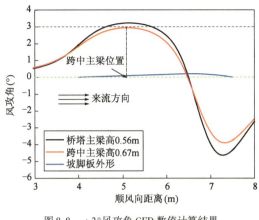

图 8-8　+3°风攻角 CFD 数值计算结果　　　图 8-9　-3°风攻角 CFD 数值计算结果

根据 CFD 数值计算初步结果,结合风洞试验,利用三维脉动风速测量仪及风速仪测试桥位处风攻角和风速情况,得到了与 CFD 数值计算结果较为吻合的结果。试验中的风攻角模拟情况如图 8-10 和图 8-11 所示。

图 8-10　+3°风攻角模拟　　　图 8-11　-3°风攻角模拟

8.2.1.2　风洞试验室

试验在西南交通大学 XNJD-3 风洞中进行。该风洞是回流式风洞。试验段长 36m,宽 22.5m,高 4.5m。风洞空置时,风速范围为 0~16.5m/s,紊流度为 1.0%以下。试验的目的是考察较高雷诺数条件下成桥状态和施工状态主梁的涡振性能,以求获得更为接近实桥的涡振锁定风速和振幅。

8.2.1.3　试验仪器

主要试验仪器如下:

①皮托管和微压差计。

②CRAS 6.2 振动及动态信号分析系统。

③计算机采集系统,包括数字式信号采样板、计算机以及相应软件。

8.2.2 试验过程及试验内容

8.2.2.1 模型安装

将全桥气动弹性模型安装在 XNJD-3 风洞试验段中间位置处,以便于后期流场调整,如图 8-12 所示。

图 8-12 全桥气动弹性模型

8.2.2.2 颤振试验工况

全桥气动弹性模型试验分别在均匀流场和模拟大气边界层的紊流场中进行。均匀流场试验主要测试桥梁的静风稳定性、颤振及涡振特性。紊流场试验主要测试桥梁的抖振响应。考虑到桥址处来流存在一定的风攻角,全桥气动弹性模型测振试验考虑了 $-3°\sim +3°$ 范围内间隔 $1°$ 的风攻角情况。还测试了不同风偏角($0°$、$5°$、$10°$、$15°$)下桥梁的颤振性能。试验工况见表 8-2。

均匀流场试验工况   表 8-2

方案	流场	工况描述				检修车轨道导流板布置	风偏角(°)	风攻角(°)
		上中央稳定板高度(m)	风嘴导流板栏杆透风率(%)	检修车轨道			
原始方案(底板厚10mm)	均匀流	1.2	95	位于距底板边缘1/10底板宽度的位置,高度为0.42m(实桥)	双侧布置	0	-3,-2,-1,0,1,2,3
						5	0
						10	0
						15	0
					内侧布置	0	-3
							0
							+3
优化方案		0	90	位于距底板边缘1/4底板宽度的位置,高度为0.7m(实桥)	无	0	-3,0,+3
		1.2				0	-3,0,+3
		1.4				0	-3,0,+3
		1.6				0	-3,-2,-1,0,1,2,3

图 8-13～图 8-20 给出了均匀流场试验部分工况下安装在风洞中的气动弹性模型。

图 8-13　均匀流、0°风偏角、0°风攻角工况

图 8-14　均匀流、0°风偏角、+1°风攻角工况

图 8-15　均匀流、0°风偏角、+3°风攻角工况

图 8-16　均匀流、0°风偏角、+3°风攻角工况

图 8-17　均匀流、0°风偏角、-3°风攻角工况

图 8-18　均匀流、5°风偏角、0°风攻角工况

图 8-19　均匀流、10°风偏角、0°风攻角工况　　　图 8-20　均匀流、15°风偏角、0°风攻角工况

8.2.3　试验结果

8.2.3.1　模型的振动特性

模态试验的目的是检验模型的结构动力特性是否与原型计算值之间满足相似关系。模态试验采用的激振系统由信号发生器、功率放大器组成,测量系统由激光位移传感器、随机信号及振动分析系统(CRAS)组成。本次动力特性测试使用两种方法进行。第一种是常规的人工激励方法,获取动力特性实测信号,通过 CRAS 滤波并进行快速傅里叶变换,获取模型主要模态的动力特性。第二种是采用环境激励的方法,在随机激励条件下,通过 CRAS 获得结构振动位移响应,并进行结果处理,得到模型的主要动力特性。

悬索桥发生颤振时,主要是低阶频率起控制作用。因此在测试模型动力特性过程中,优先考虑了侧向、竖向和扭转三个方向上的基频以及相应的阻尼比。比较两种方法,发现主要模态具有较好的一致性。表 8-3 和表 8-4 给出了两种方案的全桥模型在成桥态的动力特性测试结果。

气动弹性模型动力特性测试结果(原始方案:底板厚10mm)　　　　表 8-3

阶次	实桥频率 (Hz)	模型要求频率 (Hz)	模型实际频率 (Hz)	误差 (%)	阻尼比 (%)	振型
1	0.0564	0.661	0.6601	1.5	0.23	L-S-1
2	0.0960	1.112	1.1210	1.1	0.32	V-A-1
3	0.1010	1.169	1.0920	5.7	0.34	V-S-1
4	0.1345	1.557	1.5622	1.5	0.28	L-A-1
13	0.2196	2.542	2.5690	2.3	0.64	T-S-1
14	0.2263	2.620	2.6321	1.8	0.70	T-A-1

全桥气动弹性模型动力特性结果(底板厚14mm)　　　　　　表8-4

阶次	实桥频率 (Hz)	模型要求频率 (Hz)	模型实际频率 (Hz)	误差 (%)	阻尼比 (%)	振型
1	0.057	0.662	0.655	-1.00	0.18	L-S-1
2	0.095	1.109	1.107	-0.17	0.34	V-A-1
3	0.100	1.161	1.228	5.77	0.36	V-S-1
4	0.134	1.551	1.557	0.37	0.32	V-S-2
7	0.179	2.070	2.083	0.62	0.34	V-A-2
13	0.222	2.566	2.591	0.98	0.55	T-S-1
14	0.236	2.726	2.853	4.65	0.57	T-A-1

8.2.3.2 颤振检验结果

针对成桥态进行颤振试验,考虑了检修车轨道导流板对颤振临界风速的影响,并将全桥颤振稳定性试验结果同节段模型结果进行对比。试验结果汇总见表8-5和表8-6。

颤振稳定性试验结果(原始方案:底板厚10mm)　　　　　　表8-5

试验工况	风偏角 (°)	风攻角 (°)	试验风速 (m/s)	实桥风速 (m/s)	节段模型 颤振临界 风速(m/s)	试验现象	气动弹性 模型颤振 控制振型
检修车轨道距边缘1/10底板宽度位置,双侧导流板	0	-3	7.66	88.7	81.5	颤振发散	正对称振型
		-2	8.29	96.0	81.7	颤振发散	正对称振型
		-1	8.62	99.8	82.9	颤振发散	正对称振型
		0	8.70	100.7	81.3	颤振发散	正对称振型
		+1	8.91	103.1	79.3	颤振发散	正对称振型
		+2	8.83	102.2	>85.8	颤振发散	正对称振型
		+3	8.05	93.2	80.8	等幅运动	反对称振型
	5	0	>8.70	>100.7			
	10	0	>8.85	>102.5	—	—	—
	15	0	>8.60	>99.6			
检修车轨道距边缘1/10底板宽度位置,内侧导流板	0	-3	8.29	96.0	82.1	颤振发散	反对称振型
		0	9.26	107.2	79.1	颤振发散	反对称振型
		+3	8.12	94.0	80.7	颤振发散	反对称振型

全桥气动弹性模型均匀流颤振稳定性试验结果(底板厚14mm)　　表8-6

方案	工况		实桥颤振 临界风速(m/s)	现象描述
	中央稳定板 高度(m)	风攻角(°)		
优化方案	0	-3	83.7	正对称扭转振型,未发散
		0	>106.8	小振幅振动,无明显颤振现象

续上表

方案	工况 中央稳定板高度(m)	风攻角(°)	实桥颤振临界风速(m/s)	现象描述
优化方案	0	+3	83.7	反对称扭转振型,未发散
	1.2	−3	87.0	正对称扭转振型,未发散
		0	99.6	正对称扭转振型,未发散
		+3	96.9	反对称扭转颤振,未发散
	1.4	−3	88.6	颤振,不发散,振幅超0.5°,90.3m/s时发散
		0	>102.3	有一定的颤振形态,无发散趋势
		+3	>98.3	有一定的颤振形态,无发散趋势
	1.6	−3	88.6	正对称扭转,快速发散
		−2	95.3	振幅逐级增大,未发散,正对称扭转
		−1	95.3	振幅逐级增大,未发散,正对称扭转
		0	96.9	正对称扭转振型,不发散
		+1	95.1	正对称扭转振型,未发散
		+2	96.9	正对称扭转振型,未发散
		+3	96.9	反对称扭转振型,未发散

注:绝大多数工况下,颤振属于弯扭耦合软颤振;部分工况的振型不明显,但具有一定的振幅。

图8-21给出了实桥风速为107.2m/s时,检修车轨道置于距边缘1/10底板宽度位置处、设有内侧导流板、0°风攻角下的主梁发散扭转位移时程图和频谱图,图8-22给出了对应工况下扭转位移RMS值和均值随风速的变化。

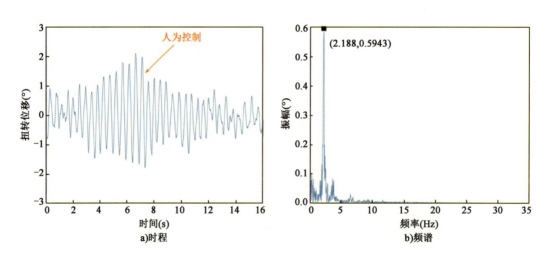

图8-21 扭转位移时程图和频谱图(风速为107.2m/s)

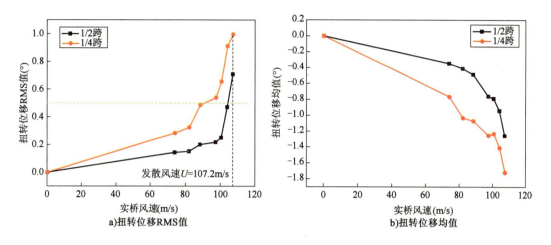

图 8-22 扭转位移 RMS 值和均值

8.3 5m 梁高方案

8.3.1 模型设计及试验准备

8.3.1.1 全桥气动弹性模型设计

5m 梁高方案的全桥气动弹性模型测振试验在 TJ-3 风洞完成。TJ-3 风洞高度为 2m,宽度为 15m。伶仃洋大桥全桥长 2666m,桥梁的几何缩尺比应满足:

$$\lambda_L = \frac{L_M}{L_B} \leq \frac{15}{2666} \approx \frac{1}{178}$$

由于试验过程需要考虑锚碇的尺寸,同时要预留一定的可操作空间,最终选定的几何缩尺比为 1∶215。进而,试验的风速相似比为:

$$\lambda_U = \sqrt{\frac{1}{215}} \approx \frac{1}{14.66}$$

相应的关键设计参数如表 8-7 所示。

表 8-7 模型关键设计参数

参数	数值
长度相似比	1∶215
风速相似比	1∶14.66
频率相似比	14.66∶1

根据几何缩尺比确定的模型立面图如图 8-23 所示(仅示一半)。

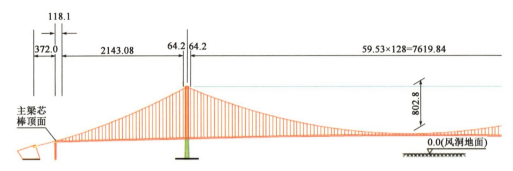

图 8-23 模型立面图(尺寸单位:mm。高程单位:m)

采用直径为 0.3mm 的铜丝模拟主缆,采用直径为 8.3mm 的铜棒分段模拟主缆的重力刚度,采用直径为 0.3mm 的铜丝模拟吊杆。边跨主缆铜棒的分段设计长度如图 8-24a)所示,中跨主缆铜棒的分段设计长度如图 8-24b)所示(只给出一半)。主缆总长为 13745.6mm。

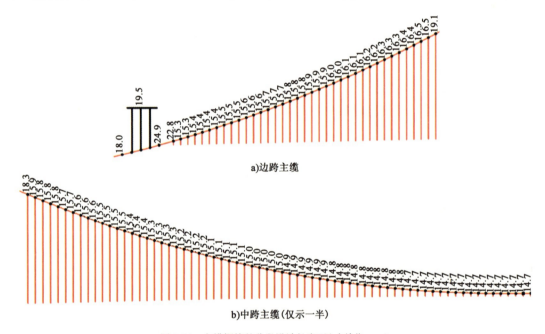

图 8-24 主缆铜棒的分段设计长度(尺寸单位:mm)

主梁刚度及骨架采用纵梁和横梁结合的方式模拟。纵梁芯棒由钢材料制成,其横截面形状如图 8-25 所示。横梁芯棒也由钢材料制成,其横截面形状如图 8-26 所示。纵梁和横梁的布置形式如图 8-27 所示,图中仅示边跨布置,中跨的横梁间距与边跨一致。

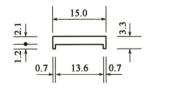

图 8-25 主梁芯棒截面图(尺寸单位:mm)

图 8-26 横梁芯棒截面图(尺寸单位:mm)

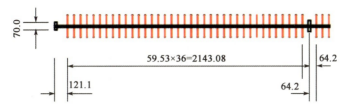

图 8-27 纵梁和横梁的布置(仅示边跨)(尺寸单位:mm)

主梁的外衣采用硬质泡沫塑料制成。外衣为两片式,便于与纵梁结合、添加配重。外衣的设计图及摆放位置如图 8-28 所示。图 8-29 给出了装配过程中的纵梁、横梁、外衣、配重、吊点组合图。

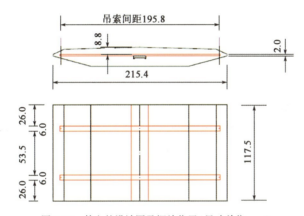

图 8-28 外衣的设计图及摆放位置(尺寸单位:mm)

图 8-29 纵梁、横梁、外衣、配重、吊点组合图

桥塔芯棒采用钢材加工,芯棒设计图如图 8-30 所示。

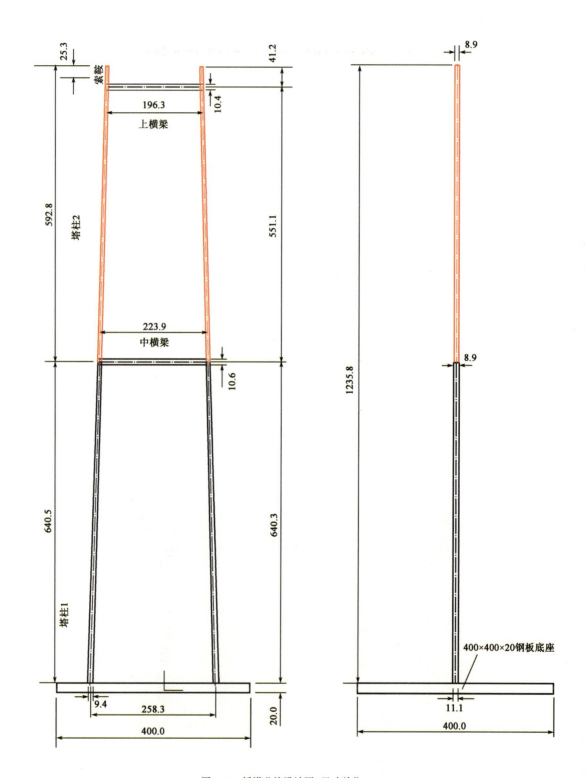

图 8-30　桥塔芯棒设计图(尺寸单位:mm)

桥塔外衣采用不透明有机玻璃制作,外衣及配重设计图如图 8-31 所示。

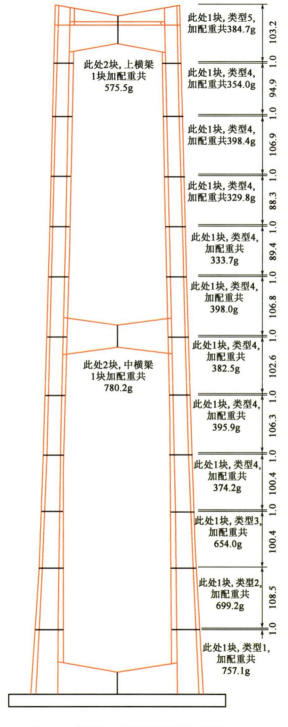

图 8-31　桥塔外衣及配重设计图(尺寸单位:mm)

模型安装完成后的细部构造如图 8-32 所示。

a)桥梁中防撞栏 b)主缆及吊杆

c)桥梁下底面 d)主梁限位装置

e)检修轨道及导流板 f)下中央稳定板

g)主梁线形及激光位移计 h)桥梁安装后纵向视图

图 8-32 模型细部

图 8-33 给出了安装完成后的照片。

图 8-33　伶仃洋大桥 5m 梁高方案全桥气动弹性模型

8.3.1.2　风洞试验室

5m 梁高方案全桥气动弹性模型试验在同济大学 TJ-3 风洞进行。TJ-3 风洞的介绍见第 7.5.1.2 节。

8.3.1.3　试验仪器

试验过程中所用到的主要仪器包括三维脉动风速仪 3 个、小量程激光位移计 24 块、DASP 数据采集仪 1 套。

三维脉动风速仪由美国 TFI(Turbulent Flow Instrumentation)公司生产,俗称"眼镜蛇探头",用来测量脉动风。该仪器最大可测风速为 40m/s,可承受 ±1200Pa 的压强,采样频率可达 2000Hz。三维脉动风速仪见图 8-34,三维动脉风速数据采集仪见图 8-35。

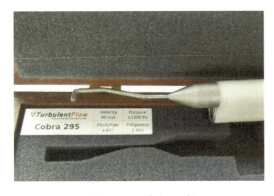

图 8-34　三维脉动风速仪　　　　图 8-35　三维脉动风速采集仪

小量程激光位移计由日本松下电器公司生产。

DASP 数据采集仪由北京东方振动和噪声技术研究所设计制造,单个采集仪最多可提供 16 个通道。

8.3.2 试验过程及试验内容

8.3.2.1 模型安装

将全桥气动弹性模型安装在 TJ-3 风洞试验段来流方向约 5/6 位置处，以便于后期流场调整，如图 8-36 所示。

图 8-36 全桥气动弹性模型

8.3.2.2 试验工况

通过调整上、下中央稳定板的有、无，高度，检修轨道的位置，分流板上栏杆的透风率，配重的有、无，形成不同工况，研究每个工况在 ±3°、0° 风攻角下的颤振稳定性。颤振试验工况如表 8-8 所示。

颤振试验工况　　　　　　　　　　　　　　表 8-8

编号	稳定板	检修轨道	分流板上栏杆	配重
1	无	边缘处	低透风率	无
2	1.2m 上中央稳定板	无	低透风率	无
3	1.2m 上中央稳定板	四分点处	低透风率	无
4	1.2m 上中央稳定板	边缘处	低透风率	无
5	1.2m 上中央稳定板,1.2m 下中央稳定板	无	低透风率	无
6	1.2m 上中央稳定板,1.2m 下中央稳定板	四分点处	低透风率	无
7	1.2m 上中央稳定板,1.2m 下中央稳定板	边缘处	低透风率	无
8	1.2m 上中央稳定板	边缘处	低透风率	边缘加配重
9	1.2m 上中央稳定板	边缘处	低透风率	中间加配重
10	1.6m 上中央稳定板	边缘处	低透风率	无
11	1.6m 上中央稳定板	边缘处	去掉栏杆	无
12	1.2m 上中央稳定板	边缘处	去掉栏杆	无
13	1.2m 上中央稳定板	边缘处	高透风率	无
14	无	边缘处	高透风率	无

不同工况主梁断面形式如图 8-37 所示。

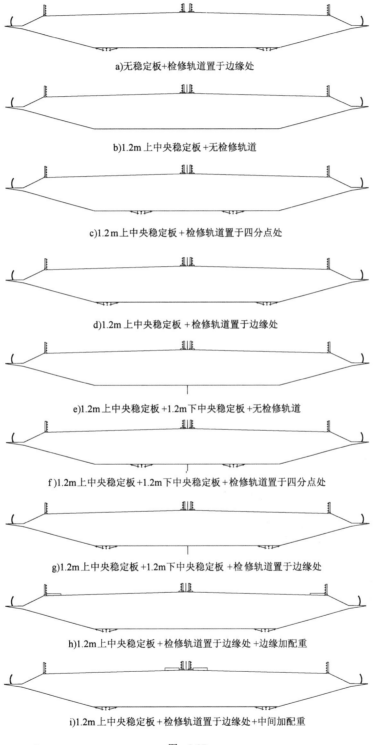

a) 无稳定板+检修轨道置于边缘处

b) 1.2m 上中央稳定板+无检修轨道

c) 1.2m 上中央稳定板+检修轨道置于四分点处

d) 1.2m 上中央稳定板+检修轨道置于边缘处

e) 1.2m 上中央稳定板+1.2m 下中央稳定板+无检修轨道

f) 1.2m 上中央稳定板+1.2m 下中央稳定板+检修轨道置于四分点处

g) 1.2m 上中央稳定板+1.2m 下中央稳定板+检修轨道置于边缘处

h) 1.2m 上中央稳定板+检修轨道置于边缘处+边缘加配重

i) 1.2m 上中央稳定板+检修轨道置于边缘处+中间加配重

图 8-37

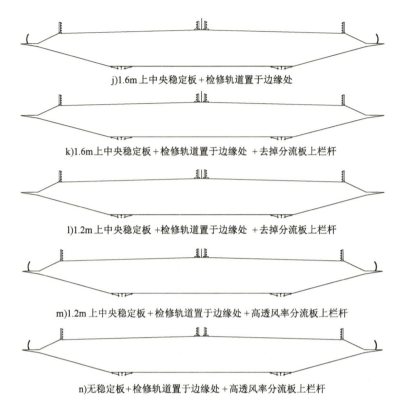

j) 1.6m 上中央稳定板+检修轨道置于边缘处

k) 1.6m 上中央稳定板+检修轨道置于边缘处+去掉分流板上栏杆

l) 1.2m 上中央稳定板+检修轨道置于边缘处+去掉分流板上栏杆

m) 1.2m 上中央稳定板+检修轨道置于边缘处+高透风率分流板上栏杆

n) 无稳定板+检修轨道置于边缘处+高透风率分流板上栏杆

图 8-37　全桥气动弹性模型颤振试验各工况主梁截面

上中央稳定板如图 8-38 所示，高透风率分流板上栏杆如图 8-39 所示。

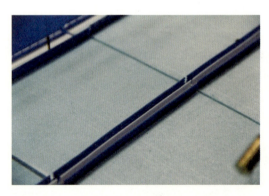

图 8-38　上中央稳定板

图 8-39　高透风率分流板上栏杆

工况 8 和工况 9 研究了增加主梁质量对桥梁颤振性能的影响。其中，工况 8 在主梁的边缘增加了 10% 主梁质量的配重，工况 9 在主梁的中间增加了 10% 主梁质量的配重，分别如图 8-40 和图 8-41 所示。

图 8-40 在主梁边缘增加 10% 主梁质量的配重

图 8-41 在主梁中间增加 10% 主梁质量的配重

通过架设坡板的方式实现不同的风攻角。图 8-42 和图 8-43 分别为 -3°风攻角和 +3°风攻角的流场。

图 8-42 -3°风攻角

图 8-43 +3°风攻角

8.3.3 试验结果

8.3.3.1 模型的振动特性

采用激振的方法获得模型的各阶振型频率及其与理论频率的误差,如表 8-9 所示。

5m 梁高方案全桥气动弹性模型振动特性　　　　　表 8-9

振型	实桥频率(Hz)	模型理论频率(Hz)	模型实际频率(Hz)	误差(%)
一阶正对称侧弯	0.0393	0.836	0.833	-0.30
一阶反对称竖弯	0.0835	1.216	1.300	6.90
一阶正对称竖弯	0.0986	1.428	1.434	0.40
二阶正对称竖弯	0.2335	1.969	1.934	-1.81
一阶正对称扭转	0.2438	3.423	3.500	2.20
一阶反对称扭转	0.1170	3.575	3.600	0.70

由表可见,除一阶反对称竖弯的振动特性稍有出入外,其余几阶主要振型的振动频率与理论值的误差都保持在 2% 的范围内。

8.3.3.2 颤振检验结果

表8-10给出了全桥气动弹性模型测振试验各个工况的颤振检验结果。

全桥气动弹性模型测振试验工况及对应颤振检验结果　　　表8-10

编号	工况				颤振临界风速（m/s）			备注
	稳定板	检修轨道	分流板上栏杆	配重	−3°风攻角	0°风攻角	+3°风攻角	
1	无	边缘处	低透风率	无	82.7	94.8	74.50	—
2	1.2m上中央稳定板	无	低透风率	无	—	—	78.14	—
3	1.2m上中央稳定板	四分点处	低透风率	无	—	—	67.14	—
4	1.2m上中央稳定板	边缘处	低透风率	无	—	—	75.65	—
5	1.2m上中央稳定板，1.2m下中央稳定板	无	低透风率	无	—	—	74.62	—
6	1.2m上中央稳定板，1.2m下中央稳定板	四分点处	低透风率	无	—	—	65.50	—
7	1.2m上中央稳定板，1.2m下中央稳定板	边缘处	低透风率	无	—	—	71.25	—
8	1.2m上中央稳定板	边缘处	低透风率	边缘加	—	—	67.29	—
9	1.2m上中央稳定板	边缘处	低透风率	中间加	—	—	66.40	—
10	1.6m上中央稳定板	边缘处	低透风率	无	—	—	78.43	—
11	1.6m上中央稳定板	边缘处	去掉	无	—	—	89.86	—
12	1.2m上中央稳定板	边缘处	去掉	无	—	—	89.72	—
13	1.2m上中央稳定板	边缘处	高透风率	无	>95.00	88.55	89.72	通过
14	无	边缘处	高透风率	无	90.75	95.14	88.11	通过

分析试验结果可知，当分流板上栏杆采用95%的高透风率时，对颤振性能的改善效果明显，加或不加1.2m上中央稳定板均能通过颤振检验。

图8-44、图8-45分别给出了0°风攻角下，无中央稳定板、检修轨道外移、去掉分流板上栏杆工况的颤振发散时程曲线及相应的频谱图。

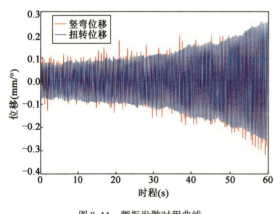

图8-44　颤振发散时程曲线

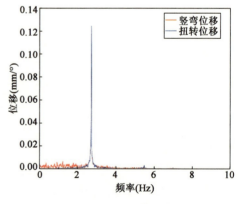

图8-45　颤振发散频谱图

8.4 小结

8.4.1 4m梁高试验

全桥气动弹性模型测振试验结果表明：

①对于深中通道伶仃洋航道桥全桥气动弹性模型的两种不同底板厚度方案，在不同工况条件下，主梁颤振临界风速均大于颤振检验风速(83.7m/s)。对于底板厚度为10mm的主梁方案，不同风偏角下的颤振性能均优于无风偏角的情况。

②当主梁底板检修车轨道设置双侧导流板时，除+3°风攻角下的主梁颤振由反对称振型控制外，其余风攻角条件下的主梁颤振均由正对称振型控制。而将外侧导流板去掉、仅保留内侧导流板时，三个风攻角下的颤振均由反对称振型控制。

③对于14mm厚底板主梁方案，其对应的全桥气动弹性模型颤振临界风速均高于颤振检验风速，但相对于10mm厚底板主梁方案未表现出明显的优势。

④全桥气动弹性模型在紊流场条件下，平均风速为85m/s时，未见颤振现象。

⑤全桥气动弹性模型在均匀流场条件下，只记录到颤振现象，未发现静风失稳现象；在紊流场条件下，平均风速为85m/s时，未见静风失稳。

8.4.2 5m梁高试验

全桥气动弹性模型测振试验表明2个工况能够通过颤振检验，如表8-11所示。

能够通过颤振检验的2个工况　　　　表8-11

工况	桥梁断面形式				不同风攻角下最小颤振临界风速(m/s)
	上中央稳定板	下中央稳定板	分流板上栏杆	检修轨道位置	
1	无	无	95%高透风率	下底板边缘	88.55
2	1.2m	无	95%高透风率	下底板边缘	88.11

第9章　静风稳定验算与抖振计算分析

本章从风速与雨强联合分布概率、高精度人工降雨条件、风雨作用效应、斜拉索风雨激振试验及数值模拟等方面介绍了风-雨-结构耦合作用效应研究成果。其中，前两项研究成果主要来自国家自然科学基金"超大跨度桥梁风致灾变关键效应与过程控制"（90715039），第三项研究成果主要来自国家自然科学基金"大跨度桥梁斜拉索风雨多相介质耦合振动的精细化研究"（90715015）和国家自然科学基金"超大跨度桥梁风致灾变关键效应与过程控制"（90715039）。

在工程结构的抗风设计中，除了需要验算风的静力作用引起的内力、变形或位移是否满足要求外，还必须验算风致静力扭转发散的临界风速。静力扭转发散现象最早是在航空领域发现的。对于一些薄板结构，如采用扁平箱形活板式主梁的大跨径缆索承重桥梁，随着风速的提高，结构变形会进一步增大，当结构抗力的增速小于静风荷载增速时，结构发生静风失稳。

随着桥梁跨径的不断增大、新型轻质高强复合材料的运用以及对桥梁美学的追求，桥梁结构变得更加轻柔，桥梁静风稳定问题则日益突出。对于跨径达千米及以上的桥梁，由于结构刚度的降低，静风失稳可能先于颤振失稳出现。《公路桥梁抗风设计规范》（JTG/T D60-01—2004）规定对主跨大于1200m悬索桥，除按规范计算静风失稳临界风速外，尚应进行考虑几何非线性及气动力非线性效应的静风稳定性分析，必要时可通过全桥气动弹性模型测振试验进行检验。由于桥梁的风荷载主要作用在主梁上，桥梁主梁气动力是决定桥梁静风稳定性能的主要因素。而桥梁主梁断面气动外形影响气流遇到断面以后的流场分布，直接决定了作用于主梁上的风荷载大小，即梁三分力的大小，进而影响了桥梁的静风失稳临界风速。

静风稳定是一个不断获得静风平衡状态直至最终失稳的过程。对静风稳定性开展全过程分析，意义在于：

①在每级风速下，桥梁结构都存在一个结构刚度与静风荷载相平衡的稳定状态。在计算结构等效静风荷载时，或在分析桥梁颤振、抖振之前，都需要进行静风稳定性分析，寻找平均风速下结构的真实姿态。静风稳定性分析是其他分析的准备工作，是精细化抗风分析的必备步骤。

②进行全过程静风稳定性分析，可以观察各级风速下结构的静风稳定状态，直至最终失稳，可以研究不同类型桥梁的静风失稳形态、类型和机理。

③静风稳定性分析涉及几何、气动力和材料非线性，前两种非线性应予以考虑，材料非线性可以不考虑。静风稳定性分析的目的在于分析静风失稳全过程，判断静风失稳临界状态。

静风失稳、颤振、涡振均由结构自身所诱发的气动力或气动弹性自激力所引起。即使在来流中没有紊流（或风速脉动）成分的情况下，这些振动还是会发生。而且事实上，这些风致振动在均匀流(层流)场中比在紊流场中更剧烈。但是,通过适当的抗风设计,这些风致振动是可以避免的,而且有些是必须避免的。例如,颤振、驰振等发散型风致振动现象是不允许在实际工程结构中出现的。上述风致振动均属于确定性振动。

相反,抖振是一种来流中的紊流或风速脉动成分引起的随机强迫振动,任何处于自然风场中的柔性结构物都不可避免地会发生或大或小的抖振。由于紊流风场具有随机性,因此抖振属于随机振动的范畴,要用随机振动的方法来研究。由于紊流的三维特性,紊流引起的结构抖振响应具有三维特性,即紊流即可引起顺风向的抖振,也可引起横风向的抖振以及扭转抖振,甚至各个方向的抖振常常不是孤立的,而是相互耦合的。结构的抖振现象可大致分为三类:结构物自身尾流引起的抖振、其他结构物特征紊流引起的抖振和自然风中的脉动成分引起的抖振。其中,第三种抖振占主要地位。

桥梁的抖振位移和加速度响应可通过抖振时域分析方法、频域分析方法、风洞试验或虚拟风洞试验方法获得。桥梁的抖振响应试验应采用全桥气动弹性模型,在模拟紊流场、结构动力特性、结构和构件外形以及结构阻尼比的条件下进行。

9.1 静风稳定检验

9.1.1 4m 梁高方案

根据已开展的全桥气动弹性模型测振试验(计入非线性静风产生的附加风攻角的影响),无论是底板加厚方案还是非加厚主桥方案,在不同中央稳定板高度条件下,对于均匀流条件,颤振先于静风失稳发生,因此在 -3°~3°风攻角条件下,静风失稳临界风速大于颤振临界风速;对于紊流条件,在85m/s的平均风速下,桥梁抖振响应剧烈,但未观察到静风失稳现象,因此该条件下静风失稳临界风速高于85m/s。

此外,根据《公路桥梁抗风设计规范》(JTG/T D60-01—2004)公式6.1.4,采用如表9-1所示的计算参数,计算出的伶仃洋大桥静风失稳临界风速为99.24m/s,也大于颤振临界风速,因此该桥的静风稳定性满足设计要求。

伶仃洋大桥静风失稳临界风速计算参数(原始方案:底板厚10mm) 表9-1

质量 m (kg)	梁宽 B (m)	半个梁宽 b (m)	等效半径 r	扭转基频 f_t (Hz)	静风扭转系数导数 C'_m	静风失稳风速 U_{td}(m/s)
42156.00	49.70	24.85	15.41	0.22	1.28	99.24

9.1.2 5m 梁高方案

9.1.2.1 静风稳定检验内容

根据小尺度节段模型试验结果、大尺度节段模型试验结果以及全桥气动弹性模型试验结果,基本确定分流板上栏杆采用95%高透风率形式,检修轨道置于下底板边缘,并根据1.2m高上中央稳定板的有、无形成2种主梁断面形式,如图9-1所示。本节对这两种主梁断面形式的成桥状态分别进行静风稳定检验。

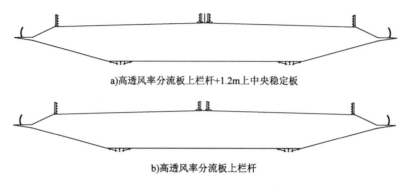

a)高透风率分流板上栏杆+1.2m上中央稳定板

b)高透风率分流板上栏杆

图9-1 静风稳定检验工况

9.1.2.2 静风稳定检验风速

根据《公路桥梁抗风设计规范》(JTG/T D60-01—2004),悬索桥静风稳定检验风速 U_{td} 应满足下述规定:

$$U_{td} \geqslant KU_d \tag{9-1}$$

式中:U_d——桥面高度处的设计基准风速(m/s);

K——安全系数,考虑几何非线性和气动力非线性时取1.2,不考虑几何非线性和气动力非线性时取2.0。

桥面高度处的设计基准风速为58.61m/s,不考虑几何非线性和气动力非线性的二维静风稳定检验风速为 $2.0 \times 58.61 = 117.22 \text{m/s}$,考虑几何非线性和气动力非线性的三维静风稳定检验风速为 $1.2 \times 58.61 = 70.33 \text{m/s}$。

9.1.2.3 二维静风稳定检验风速

《公路桥梁抗风设计规范》(JTG/T D60-01—2004)规定悬索桥和斜拉桥的静力扭转发散临界风速 V_{td} 可按下述公式估算:

$$V_{td} = K_{td} f_t B \tag{9-2}$$

$$K_{td} = \sqrt{\frac{\pi^3}{2} \mu \left(\frac{r}{b}\right)^2 \frac{1}{C'_{M0}}} \tag{9-3}$$

$$\mu = \frac{m}{\pi \rho b^2}, b = \frac{B}{2} \tag{9-4}$$

$$\frac{r}{b} = \frac{1}{b}\sqrt{\frac{I_m}{m}} \tag{9-5}$$

式中:f_t——一阶对称扭转频率(Hz);

B——主梁宽度(m);

m——单位桥长质量(kg/m);

I_m——单位桥长质量惯性矩(kg·m²/m);

ρ——空气密度(kg/m³);

C'_{M0}——0°风攻角下升力矩系数C_M的斜率。

本桥中,$B=51.32$m,$f_t=0.229$Hz,$m=30810$kg/m,$I_m=5194806$kg·m²/m,$\rho=1.225$kg/m³,$C'_{M0}=0.46$(为有上中央稳定板的节段模型试验结果;无上中央稳定板时$C'_{M0}=0.86$)。

按上述公式,有上中央稳定板主梁的静力扭转发散临界风速为120.38m/s,大于静风稳定检验风速(117.22m/s);无上中央稳定板主梁的静力扭转发散临界风速为88.04m/s,小于静风稳定检验风速。可知,有上中央稳定板主梁的伶仃洋大桥可以通过二维静风稳定检验。

9.1.2.4 三维非线性静风稳定性分析

静风失稳是静风荷载与结构变形耦合作用的一种体现。过去,对大跨径缆索承重桥梁空气静力失稳的计算方法一般仅限于验算横向静风引起的侧倾失稳以及纯升力作用下的扭转发散,未能考虑结构与风荷载非线性因素的相互作用,所以在用于实桥结构的静风稳定分析时,难以获取准确的静风失稳临界风速,也无法揭示结构失稳全过程以及空气静力作用的非线性特征。

本研究采用的非线性静风稳定理论是以下两方面的结合:首先,采用非线性静风荷载描述法将静风荷载表示为风速和结构变形的函数,从而全面考虑静风荷载的非线性效应;其次,将非线性静风荷载与杆系结构的空间稳定理论结合,建立大跨径缆索承重桥梁的非线性静风稳定计算方法。

在有限元软件中采用三维非线性静风稳定性分析程序进行静风稳定性分析,考虑风攻角为0°、+3°和-3°三种工况,取结构只承受恒载为初始状态,逐级增大风速,计算各级风速下桥梁结构在静风力和恒载共同作用下的竖向、侧向和扭转位移。

1)成桥状态(有上中央稳定板)静风稳定性分析结果

有上中央稳定板主梁的悬索桥成桥状态分析结果如下:

(1)0°风攻角

加劲梁中跨跨中扭转、竖向和侧向位移随风速的变化规律如图9-2所示。当风速较小时,加劲梁各方向位移都较小;随着风速的增大,加劲梁的竖向位移和侧向位移都逐渐增大,而扭转位移的增大仍非常缓慢;当风速增大到192m/s,扭转位移出现发散,表明结构已经在静风力和恒载作用下丧失稳定性,此时结构侧向与竖向位移也有发散趋势。该风攻角下,结构静风失稳临界风速为192m/s,大于静风稳定检验风速(70.33m/s)。

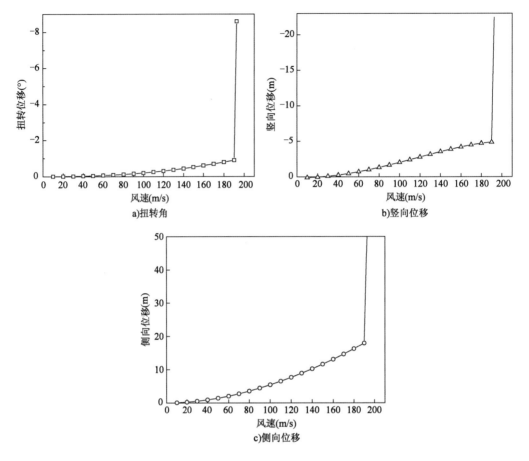

图 9-2 成桥状态(有上中央稳定板)、0°风攻角下的主梁跨中位移

(2) +3°风攻角

加劲梁中跨跨中扭转、侧向和竖向位移随风速的变化规律如图 9-3 所示。当风速较小时,加劲梁各方向位移都较小;随着风速的增大,加劲梁的侧向和扭转位移都逐渐增大,而竖向位移的增大仍非常缓慢;当风速增大到 65m/s 以后,竖向位移和扭转位移开始加速增长;直到风速增大到 82.5m/s,竖向和扭转位移出现发散,表明结构已经在静风力和恒载作用下丧失稳定性。该风攻角下,结构静风失稳临界风速为 82.5m/s,大于静风稳定检验风速(70.33m/s)。

(3) -3°风攻角

加劲梁中跨跨中扭转、侧向和竖向位移随风速的变化规律如图 9-4 所示。当风速较小时,加劲梁各方向位移都较小;随着风速的增大,加劲梁的侧向位移、竖向位移和扭转位移都逐渐增大;当风速增大到 70m/s 以后,竖向位移和扭转位移开始加速增长;直到风速增大到 82.5m/s,竖向和扭转位移出现发散,表明结构已经在静风力和恒载作用下丧失稳定性。该风攻角下,结构静风失稳临界风速为 82.5m/s,大于静风稳定检验风速(70.33m/s)。

第9章 静风稳定验算与抖振计算分析

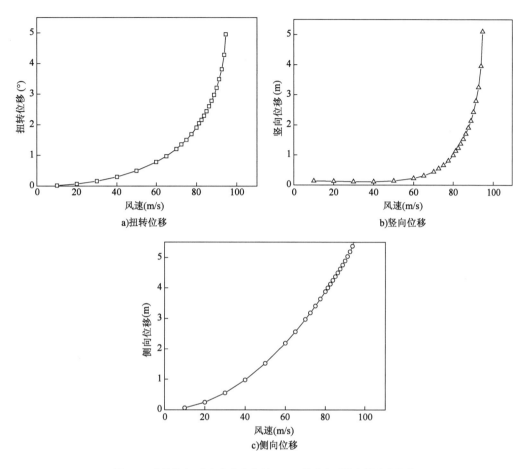

图 9-3 成桥状态(有上中央稳定板)、+3°风攻角下的主梁跨中位移

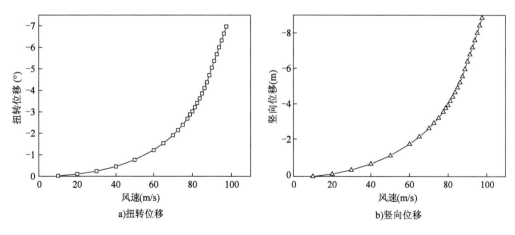

图 9-4

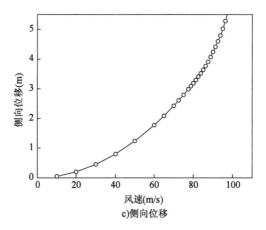

c)侧向位移

图 9-4 成桥状态(有上中央稳定板)、-3°风攻角下的主梁跨中位移

2)成桥状态(无上中央稳定板)静风稳定性分析结果

采用无上中央稳定板主梁的悬索桥成桥状态分析结果如下:

(1)0°风攻角

加劲梁中跨跨中扭转、竖向和侧向位移随风速的变化规律如图9-5所示。当风速较小时,加劲梁各方向位移都较小;随着风速的增大,加劲梁的侧向位移、竖向位移和扭转位移都逐渐增大;当风速增大到82.5m/s,扭转位移出现发散趋势,表明结构已经在静风力和恒载作用下丧失稳定性。该风攻角下,结构静风失稳临界风速为82.5m/s,大于静风稳定检验风速(70.33m/s)。

(2) +3°风攻角

加劲梁中跨跨中扭转、竖向和侧向位移随风速的变化规律如图9-6所示。当风速较小时,加劲梁各方向位移都较小;随着风速的增大,加劲梁的侧向和扭转位移都逐渐增大,而竖向位移的增大非常缓慢;当风速增大到65m/s以后,竖向位移和扭转位移开始加速增长;直到风速增大到81.25m/s,竖向和扭转位移出现发散,表明结构已经在静风力和恒载作用下丧失稳定性。该风攻角下,结构静风失稳临界风速为81.25m/s,大于静风稳定检验风速(70.33m/s)。

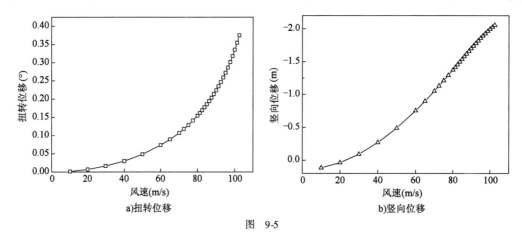

a)扭转位移　　　　　　　　　　b)竖向位移

图 9-5

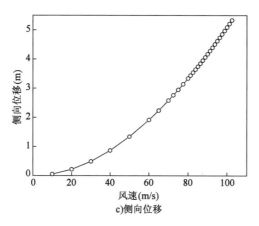

c) 侧向位移

图 9-5　成桥状态(无上中央稳定板)、0°风攻角下的主梁跨中位移

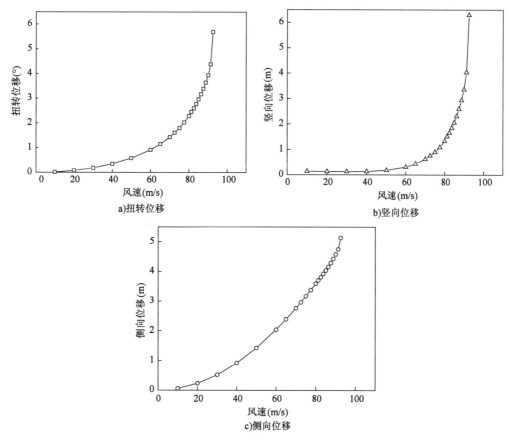

图 9-6　成桥状态(无上中央稳定板)、+3°风攻角下的主梁跨中位移

(3) -3°风攻角

加劲梁中跨跨中扭转、竖向和侧向位移随风速的变化规律如图 9-7 所示。当风速较小时,加劲梁各方向位移都较小;随着风速的增大,加劲梁的各位移都逐渐增大;当风速增大到 50m/s

147

以后,竖向位移和扭转位移开始加速增长;直到风速增大到75m/s,竖向和扭转位移出现发散,表明结构已经在静风力和恒载作用下丧失稳定性,此时侧向位移也有发散趋势。该风攻角下,结构静风失稳临界风速为75m/s,大于静风稳定检验风速(70.33m/s)。

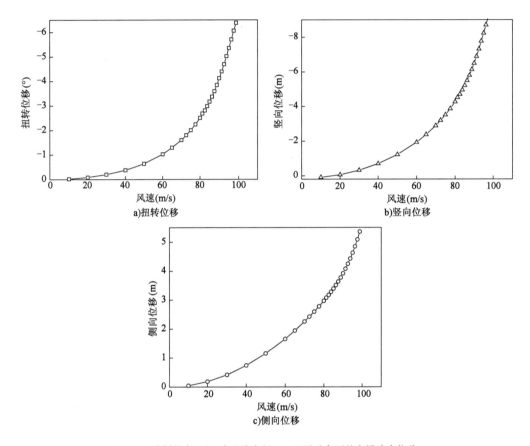

图9-7　成桥状态(无上中央稳定板)、-3°风攻角下的主梁跨中位移

9.2 随机风激力抖振计算分析

9.2.1 4m 梁高方案

9.2.1.1 抖振试验工况

利用在西南交通大学 XNJD-3 边界层风洞中建立的紊流风场,进行了模拟风场中的成桥运营状态下各种结构风效应的观察和测量。通过模拟自然风场的风洞试验,可以达到以下目的:测量结构在不同风速下的抖振响应,观察结构在紊流场中是否存在涡激共振现象,观察结构在自然风作用下的静风稳定性。

根据《公路桥梁抗风设计规范》(JTG/T D60-01—2004),桥址区域的地表类别为 A 类,风

剖面指数 $\alpha = 0.12$。风洞试验风场应与桥址处的风场满足相似条件。风洞试验的风场模拟采用尖塔与粗糙元的形式进行,如图9-8所示。

图9-8 A类风场大气边界层模拟

流场测量仪器为丹麦 DANTEC 公司生产的 Stream Line 四通道热线风速仪,可以测量平均风速。图9-9为模型所在位置的风剖面图(已换算为实桥)。

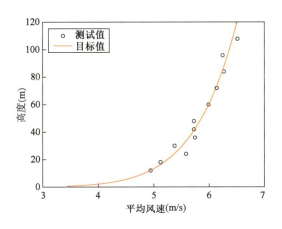

图9-9 风速剖面

抖振试验测试了原始方案(底板厚10mm)成桥态在 A 类风场条件下的抖振性能,具体工况见表9-2。

抖振试验工况(原始方案:底板厚10mm)　　　　　　表9-2

状态	编号	工况综合描述	导流板布置	风攻角(°)	风偏角(°)
成桥状态	1	A 类风场,1.2m 高稳定板,风嘴导流板栏杆透风率95%,检修车轨道距底板边缘 1/10 梁宽	双侧布置导流板	0	0
	2			0	5
	3			0	10

图9-10~图9-13给出了几种工况下的全桥气动弹性模型。

图9-10 紊流、0°风攻角、0°风偏角工况(正视图)

图9-11 紊流、0°风攻角、0°风偏角工况(侧视图)

图9-12 紊流、0°风攻角、5°风偏角工况

图9-13 紊流、0°风攻角、10°风偏角工况

9.2.1.2 抖振检验结果

经对各工况试验数据的分析处理,得到气动弹性模型在紊流场中不同风偏角下的气动响应。图9-14～图9-16给出了0°风攻角、不同风偏角(0°、5°、10°)的工况条件下1/2跨和1/4跨位置处的竖向、扭转和侧向位移响应随风速的变化关系。试验表明,紊流场条件下,在超过颤振检验风速的85m/s平均风速作用下,主梁未发生颤振失稳。

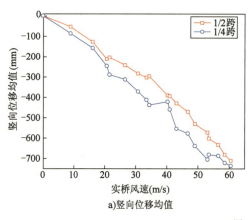

a)竖向位移均值　　　　　　　　　　　b)竖向位移均方根值

图 9-14

第9章 静风稳定验算与抖振计算分析

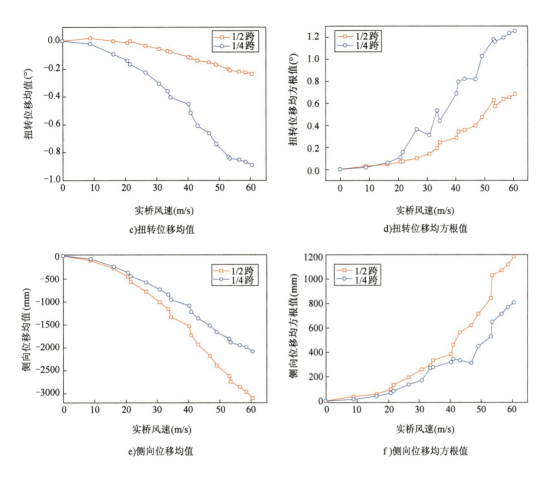

图 9-14 工况 1 试验结果(0°风攻角,0°风偏角)

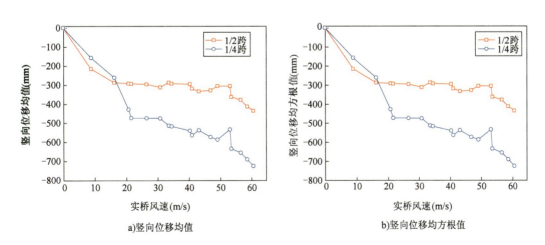

图 9-15

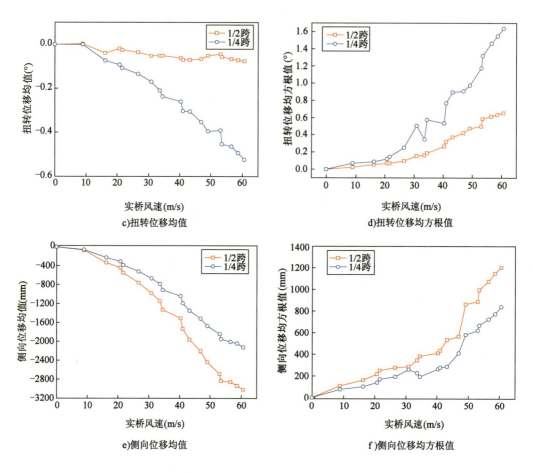

图 9-15 工况 2 试验结果(0°风攻角,5°风偏角)

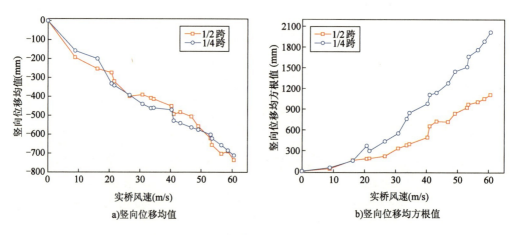

图 9-16

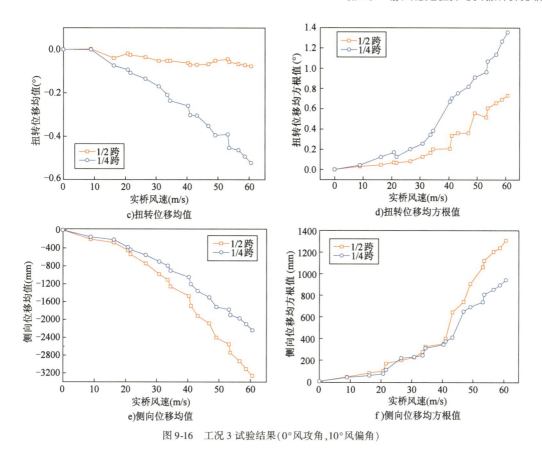

图9-16 工况3试验结果(0°风攻角,10°风偏角)

9.2.2 5m梁高方案

9.2.2.1 抖振试验工况

采用高透风率的分流板上栏杆方案,研究B类风场紊流场中0°、5°风偏角下的抖振响应。

通过在TJ-3风洞上游段设置尖劈和粗糙元的方式构建B类紊流场。图9-17给出了粗糙元及尖劈的摆放示意图。紊流场的风剖面指数及紊流度剖面一般通过"眼镜蛇探头"实测得到。图9-18给出了试验中模型摆放位置的实测风剖面与规范风剖面的对比。图9-19给出了试验中模型摆放位置的实测紊流度剖面图。

图9-17 粗糙元、尖劈摆放示意图

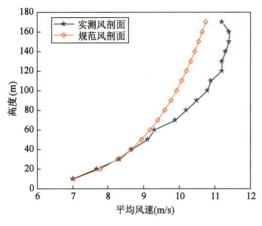
图 9-18 模型摆放位置实测风剖面与规范风剖面的对比

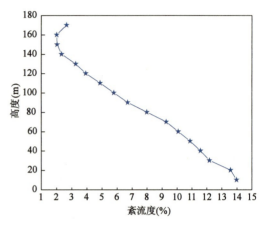
图 9-19 模型摆放位置实测紊流度剖面

9.2.2.2 抖振检验结果

图 9-20 给出了 0°风偏角下的跨中横桥向、竖向以及扭转幅值。图 9-21 给出了 5°风偏角下的跨中横桥向、竖向以及扭转振动幅值。

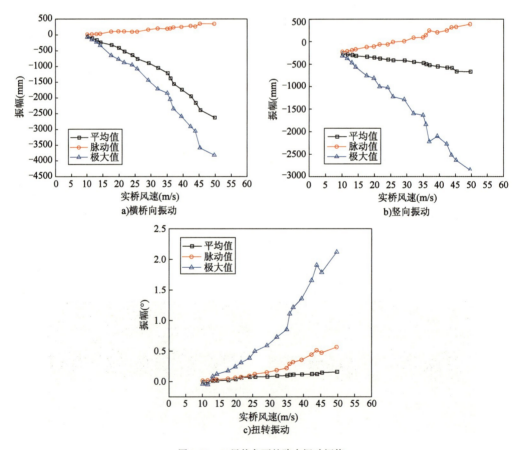

图 9-20　0°风偏角下的跨中振动幅值

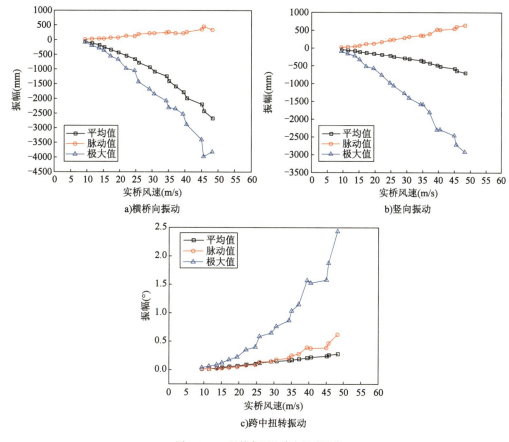

图 9-21 5°风偏角下的跨中振动幅值

9.3 小结

9.3.1 4m 梁高方案

通过对深中通道伶仃洋大桥静风稳定检验和节段模型抖振试验,可以得出如下结论:

①根据已开展的全桥气动弹性模型测振试验(计入非线性静风产生的附加风攻角的影响),无论是底板加厚方案还是非加厚主桥方案,在不同中央稳定板高度条件下,对于均匀流条件,颤振先于静风失稳发生,因此在 -3°~3°风攻角条件下,静风失稳临界风速大于颤振临界风速;对于紊流条件,在 85m/s 的平均风速下,桥梁抖振响应剧烈,但未观察到静风失稳现象,因此该条件下静风失稳临界风速大于 85m/s。此外,根据《公路桥梁抗风设计规范》(JTG/T D60-01—2004)计算出的伶仃洋大桥静风失稳临界风速为 99.24m/s,大于颤振临界风速,因此该桥的静风稳定性满足设计要求。

②原始方案在 A 类紊流场中的抖振试验表明:在设计基准风速下,风偏角为 10°时最大侧

向位移均值为 3.263m,最大侧向位移均方根值为 1.307m;最大竖向位移均值为 0.737m,最大竖向位移均方根值为 2.014m;最大扭转位移均值为 0.937°,最大扭转位移均方根值为 1.636°。

9.3.2 5m 梁高方案

通过对深中通道伶仃洋大桥静风稳定验算和节段模型抖振试验,可以得出如下结论:

①不考虑几何非线性和气动力非线性的二维静风稳定检验风速为 117.22m/s,考虑几何非线性和气动力非线性的三维静风稳定检验风速为 70.33m/s。有上中央稳定板主梁的静力扭转发散临界风速为 120.38m/s,大于静风稳定检验风速 117.22m/s。无上中央稳定板主梁的静力扭转发散临界风速为 88.04m/s,小于静风稳定检验风速。可知有上中央稳定板主梁的伶仃洋大桥悬索桥方案可以通过二维静风稳定检验。

②在有限元软件中采用三维非线性静风稳定性分析程序进行静风稳定性分析。有上中央稳定板主梁的悬索桥成桥状态分析结果为:0°风攻角情况下,结构静风失稳临界风速为 192m/s,大于静风稳定检验风速 70.33m/s;+3°风攻角情况下,结构静风失稳临界风速为 82.5m/s,大于静风稳定检验风速 70.33m/s;-3°风攻角情况下,结构静风失稳临界风速为 82.5m/s,大于静风稳定检验风速 70.33m/s。无上中央稳定板主梁的悬索桥成桥状态分析结果为:0°风攻角情况下,结构静风失稳临界风速为 82.5m/s,大于静风稳定检验风速 70.33m/s;+3°风攻角情况下,结构静风失稳临界风速为 81.25m/s,大于静风稳定检验风速 70.33m/s;-3°风攻角情况下,结构静风失稳临界风速为 75m/s,大于静风稳定检验风速 70.33m/s。

③全桥运营状态下均无大幅异常随机振动现象,风致抖振满足抗风性能要求。

第10章　桥塔自立状态模型试验

随着现代桥梁跨径的不断增大,有着承重和传力作用的桥塔越建越高,多采用高耸细长的结构,如苏通长江大桥主塔高282.8m、美国金门大桥主塔高342m。在成桥态时,由于拉索或者主缆对桥塔的支承作用,此时桥塔的刚度和阻尼比较大,桥塔的风致振动问题并不突出。将桥塔独塔施工状态与桥塔竣工后但索缆未布置完成的两种状态称为桥塔自立状态。在桥塔自立状态下,没有索缆的支承作用,桥塔的刚度和阻尼较小,且明显低于正常使用状态,自立状态的桥塔对风荷载比较敏感。因此,自立状态下桥塔的风致振动问题是设计方案应考虑的关键因素之一。桥塔在自立状态下的风致振动主要有抖振、涡振和驰振三种。

桥塔抖振是结构在风紊流场的作用下产生的随机的有限振幅振动。根据抖振在紊流中产生原因的不同,结构抖振可分为三类:结构自身尾流引起的抖振,其他结构物特征紊流引起的抖振和自然风中脉动成分引起的抖振。自立状态下的桥塔,刚度、阻尼比小,其抖振响应不容忽视。桥塔抖振是风荷载作用下的随机的有限幅振动,在风速较小时就会发生,因此桥塔的抖振难以避免。一般情况下,抖振不会引起桥塔结构破坏,但长期的抖振响应会使桥塔结构疲劳,缩短桥塔的疲劳寿命,在施工期间威胁工人与机械设备安全,并且在运营期间给过往行人、车辆造成不舒适和不安全感。

桥塔涡振是桥梁结构常出现的一种风致振动现象。当气流经过钝体断面时,断面背后可能产生周期性交替脱落的涡旋,在断面表面两侧产生交替变化的力,由此引发结构的振动。由于涡振是一种激振动,结构的振动会对涡脱产生反馈作用,因此涡振的振幅受到限制,是一种限幅振动。桥塔断面一般为矩形断面,长宽比较小,是一种典型的钝体断面,其涡振不能忽略。引发涡振的风速很小。当涡脱频率与桥塔某一固定频率接近或相等时,会诱发桥塔产生很大幅度的限幅共振,影响桥塔施工期间作业人员的安全,也会引起在成桥态时桥塔结构的疲劳问题。

桥塔驰振是细长结构在气流自激力作用下产生的一种大幅纯弯振动现象,这种振动响应是不稳定的,即发散的。结构存在一个驰振临界风速,当风速达到或者超过这个临界值时,结构就会发生驰振。驰振一旦发生,就会对结构造成致命性的破坏。例如在1972年11月,Lodemann Brticke悬索桥的一个桥塔就由于驰振而倒塌。对于高柔的桥塔,在其自立状态下就应当考虑其驰振现象。在工程中,常通过改变桥塔截面的气动外形或者在桥塔安装阻尼器来避免出现驰振临界状态。

桥塔的材料、所处的流场状态和截面形状等因素决定结构的阻尼、刚度和基频等,从而影响结构的气动特性,进而影响结构的风致振动现象。其中,阻尼反映材料对气动特性的影响,由此影响风振性能。一般情况下,混凝土桥塔的阻尼比为2%~3%,钢桥塔的阻尼比要比混凝土小很多(在0.5%左右),钢混结合桥塔的阻尼比介于两者之间。较大的阻尼可以明显地抑制风振响应,减小涡振的风速锁定区间。

目前,我国建设的大跨径悬索桥、斜拉桥的桥塔大多是混凝土主塔,其抗风稳定性,尤其是施工架设期间的风致振动问题是影响设计方案选择的关键因素之一。相比于混凝土桥塔,钢塔更细更柔,阻尼更小,但架设方法不同,其抗风性能要求更高。

本章从桥塔气动弹性模型试验相似理论开始,介绍模型设计以及风洞试验的基本原则,详细说明桥塔自立状态模型设计和试验的全过程,并得出结论。

10.1 桥塔气动弹性模型风洞试验理论

10.1.1 相似理论

桥塔气动弹性模型的两个关键相似比为几何缩尺比λ_L和风速缩尺比λ_U。

气动弹性模型风洞试验的桥塔高度一般都较大,因此几何缩尺比的选定主要取决于桥塔实际高度和风洞试验段高度。同时,缩尺比的确定还应保证阻塞率小于5%。

对风速缩尺比,一般来说,对于刚度、动力特性受重力影响显著的结构,应保持弗劳德数的相似性,使得风速缩尺比和几何缩尺比有如下关系:

$$\lambda_U = \sqrt{\lambda_L} \tag{10-1}$$

在悬索桥全桥气动弹性模型试验中,由于主缆重力刚度的影响,风速缩尺比必须满足式(10-1)。对于桥塔自立状态下的气动弹性模型试验,主要关心风致涡激共振和驰振的试验准确性,考虑到风洞的实际条件——在低风速下不容易维稳、低风速下风速相对误差较大,在桥塔自立试验中,往往采用较大的风速缩尺比。习惯上把考虑弗劳德数相似性的桥塔模型称为常刚度模型,把大风速比对应的桥塔模型称为大刚度模型。

10.1.2 模型设计及风洞试验的基本原则

桥塔自立状态模型试验应遵循以下基本原则:

①由于桥塔自立状态模型试验需要研究多个风偏角工况,一般将模型安装在试验段的可控制转动的圆盘上。为了保证激光位移计的随动性,一般通过支架将激光位移计架设在圆盘上。此时需要注意的是,由于支架一般较为纤细而刚度不足,激光位移计会在风的作用下轻微振动,从而干扰信号。为了克服这个问题,应使用钢丝加固测振支架。

②由于桥塔一阶自振频率较低,涡振更容易发生在低风速区间,因此在低风速时应采用小步距风速增量进行试验。

③在试验过程中,应注意在任何风偏角工况下,安装位移计的支架都应在模型来流方向的侧后方,以防止支架产生的扰流干扰试验结果。

10.2 模型设计及准备工作

10.2.1 桥塔有限元分析

伶仃洋大桥桥塔高度为270m,为混凝土结构,混凝土强度等级为C55。在有限元分析中,桥塔的分段如图10-1所示,其中重复的标号表示截面特性相同。

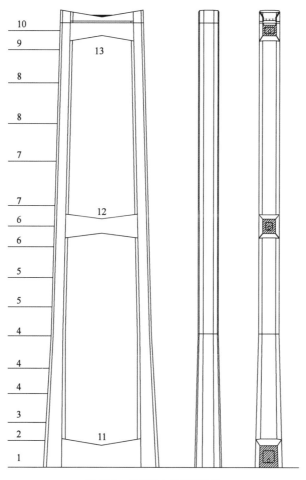

图10-1 伶仃洋大桥桥塔分段

各分段对应的截面特性如图10-2所示。

桥塔的有限元分析利用 ANSYS 软件实现。采用 BEAM4 单元模拟桥塔刚度,采用 MASS21 单元模拟质量。图10-3 给出了桥塔的有限元建模示意图。

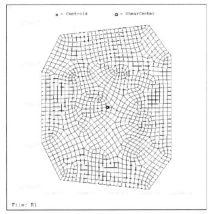
a)1号段截面

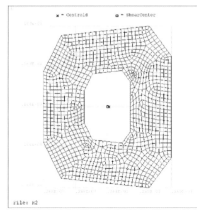
b)2号段截面

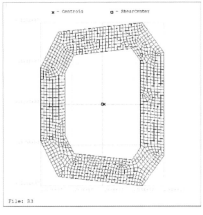
c)3号段截面

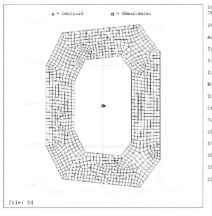
d)4号段截面

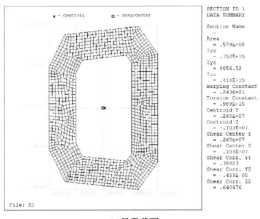
e)5号段截面

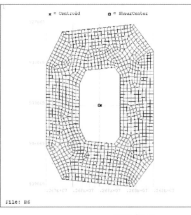
f)6号段截面

图 10-2

第10章 桥塔自立状态模型试验

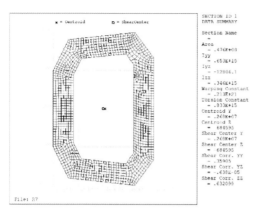

g) 7号段截面　　　　　　　　　　h) 8号段截面

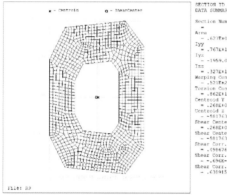  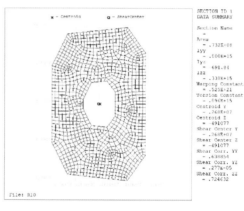

i) 9号段截面　　　　　　　　　　j) 10号段截面

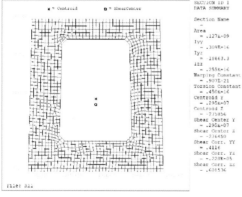  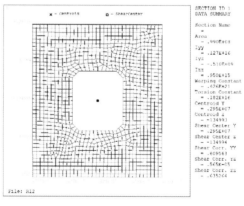

k) 11号段截面　　　　　　　　　　l) 12号段截面

图 10-2

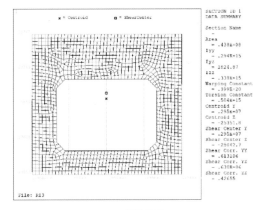

m)13号段截面

图 10-2　桥塔各分段截面特性(有限元软件截图)

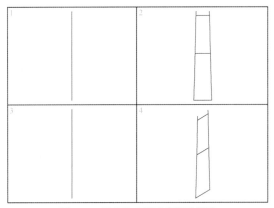

图 10-3　桥塔的有限元建模示意图

有限元分析得到的桥塔各阶振型及对应频率如表 10-1 所示。

桥塔各阶振型及对应频率　　　　　　　　　表 10-1

模态阶次	模态描述	振动频率(Hz)
1	顺桥向一阶弯曲	0.0981
2	横桥向一阶弯曲	0.2372
3	一阶扭转	0.4665
4	顺桥向二阶弯曲	0.6218
5	横桥向二阶弯曲	0.6359
6	二阶扭转	1.2521
7	塔柱横桥向一阶对称弯曲	1.9636
8	顺桥向三阶弯曲	2.0349
9	横桥向三阶弯曲	2.2825
10	塔柱横桥向二阶对称弯曲	2.3569

10.2.2 桥塔模型设计

根据 TJ-2 风洞的实际条件,取几何缩尺比为 1∶135。为保证涡振性能检验的效果,取风速比为 1∶3。

模型由钢骨架、硬质泡沫塑料外衣和配重构成。桥塔气动弹性模型的刚度完全由钢骨架提供,俗称"芯棒",芯棒的分段设计如图 10-4 所示。外衣采用硬质泡沫塑料经电脑雕刻后手工粘接而成。为避免外衣刚度参与模型总刚度,外衣段与段之间留有 1mm 左右的空隙。外衣分段如图 10-4 所示。

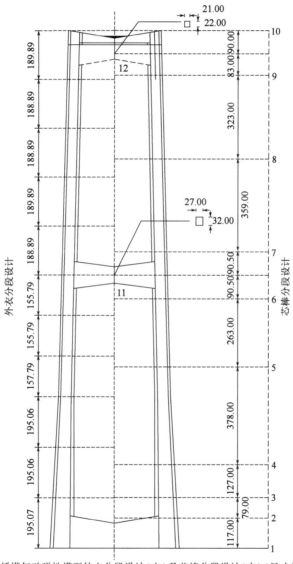

图 10-4　桥塔气动弹性模型外衣分段设计(左)及芯棒分段设计(右)(尺寸单位:mm)

除满足弹性刚度和几何外形的相似性要求之外,气动弹性模型还需要对结构的质量系统进行严格模拟,以确保结构动力特性的相似性。根据质量系统相似比的要求,扣除钢骨架和外

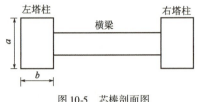

图 10-5 芯棒剖面图

衣所提供的实际质量和质量惯性矩,用铜片作为配重来补充不足部分的质量。铜片质量块对称粘贴在外衣的内侧,通过调节铜片到断面形心的距离来满足质量惯性矩相似比的要求。图 10-5 给出了芯棒剖面图。钢芯骨架主要的设计尺寸以及各分段的配重见表 10-2。

钢芯骨架主要的设计尺寸及各分段的配重　　　　表 10-2

芯棒节点	截面尺寸(mm)		节段	配重
	a(对于塔柱)或高度(对于横梁)	b(对于塔柱)或宽度(对于横梁)		(扣除芯棒质量)(g)
1	40	34	1~2	1602
2	39	33	2~3	723
3	34	29	3~4	434
4	30	23	4~5	1332
5	29	22	5~6	713
6	30	21	6~7	806
7	28	20	7~8	701
8	28	19	8~9	640
9	30	20	9~10	825
10	30	20	11(中横梁)	2301
11	32	27	12(上横梁)	698
12	22	21	—	—

10.2.3　风洞试验室

桥塔气动弹性模型试验在同济大学 TJ-2 风洞完成。该风洞的详细介绍见第 7.3.1.2 节。

10.2.4　试验仪器

试验过程中所用到的主要仪器包括三维脉动风速仪 3 个、大量程激光位移计 6 个、DASP 数据采集仪 1 套、吸壁式皮托管(图 10-6)及配套数字式微压计(图 10-7)1 套。

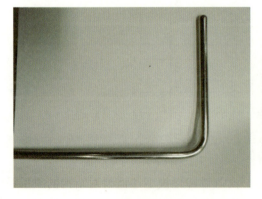

图 10-6　吸壁式皮托管

图 10-7　数字式微压计

三维脉动风速仪由美国 TFI(Turbulent Flow Instrumentation)公司生产,详细介绍见第 8.3.1.3 节。

大量程激光位移计、DASP 数字采集仪的详细介绍见第 7.3.1.3 节。

吸壁式皮托管可以调节高度以获取不同目标高度处的风速,配套数字式微压计使用可获取脉动风的时程数据。

10.3 试验过程及试验内容

10.3.1 模型安装

将模型安装在风洞试验段来流方向约 4/5 处的可控制转盘上,采用直径约 27mm 的钢管和直径约 10mm 的铝管作为支架,安装在转盘上,并用钢丝加固。把 6 个激光位移计安装在支架上。在上横梁与左、右塔柱连接处布置 2 个测点,在中横梁与左、右桥塔连接处(中横梁距塔底高度约占桥塔高度的 53%)布置 2 个测点,在桥塔侧面的上横梁位置及中横梁位置布置 2 个测点。激光位移计测点布置如图 10-8 所示。

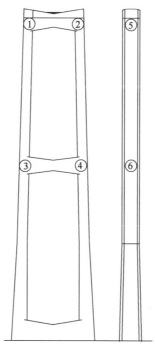

图 10-8 激光位移计测点布置

桥塔气动弹性模型及安装后的激光位移计见图 10-9。

10.3.2 涡振及驰振试验工况

涡振及驰振主要在均匀流中进行检验。定义风向沿顺桥向时的风偏角为 0°,每隔 15°设置一个工况。如在某个风偏角工况下发现有涡振或驰振发生,应对该风偏角±5°工况下的涡振或驰振性能进行研究。图10-10给出了均匀流下的涡振及驰振检验工况示意图。

图10-9 桥塔气动弹性模型及安装后的激光位移计

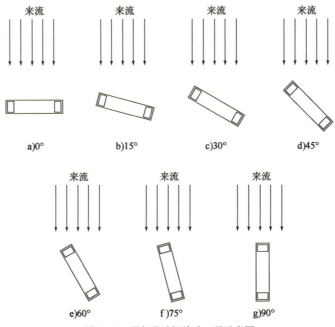

图10-10 涡振及驰振检验工况示意图

图10-11 TJ-2风洞类流场示意图

10.3.3 抖振试验工况

抖振主要在紊流场中进行检验。根据风偏角的不同,抖振试验可形成7个工况,与涡振及驰振检验的风偏角工况一致。试验中,通过在风洞试验段上游设置尖劈和粗糙元模拟B类场地,如图10-11所示,实测风剖面与规范风剖面的对比见图10-12,紊流度剖面见图10-13。实测风剖面指数为0.147。

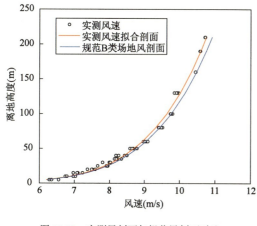

图 10-12 实测风剖面与规范风剖面对比

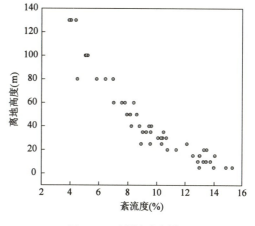

图 10-13 实测紊流度剖面

10.4 试验结果

10.4.1 振动特性分析

采用激振的方法获取桥塔模型的前 2 阶自振频率,如表 10-3 所示。

桥塔模型振动特性　　　　　　　　　　　　　　　　表 10-3

振动阶次	实桥频率 （Hz）	理论模型频率 （Hz）	实际模型频率 （Hz）	频率误差 （%）	实测阻尼比 （%）
一阶顺桥向弯曲	0.0981	4.41	4.60	+4.3	0.49
一阶横桥向弯曲	0.2372	10.67	11.20	+4.9	0.65
一阶扭转	0.4665	20.99	22.37	+6.5	1.20

从表中可以看出,桥塔模型实测一阶顺桥向弯曲阻尼比和实测一阶横桥向弯曲阻尼比均远小于规范的限值(1.5%),从而使试验结果更加安全。

10.4.2 涡振及驰振试验结果

定义风向沿顺桥向时的风偏角为 0°。通过均匀流场试验发现,风偏角为 60°、75°、90°,实桥风速为 6~9m/s 时,有明显的涡振现象。以这些发生涡振的风偏角工况为参考,补做相应风偏角±5°后的吹风试验。测试了风偏角分别为 0°、15°、30°、45°、50°、55°、60°、65°、70°、75°、80°、85°、90°的共计 13 个工况。图 10-14 给出了这些风偏角工况下的实桥塔顶顺桥向振动位移及扭转位移随风速的变化图。

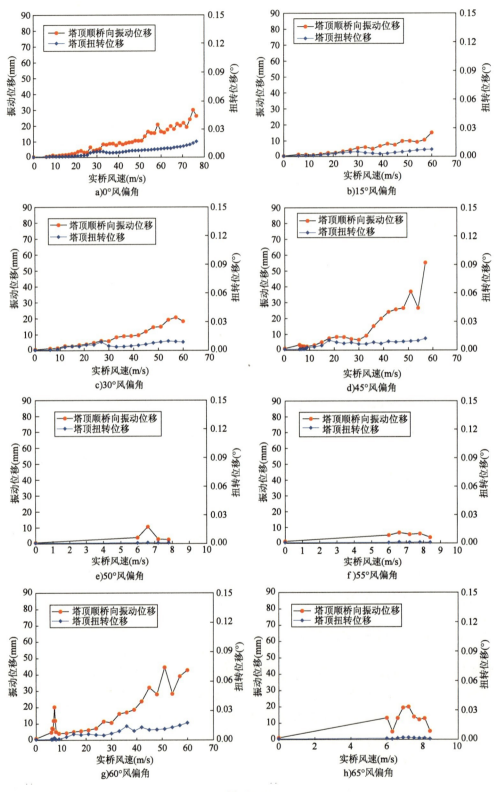

图 10-14

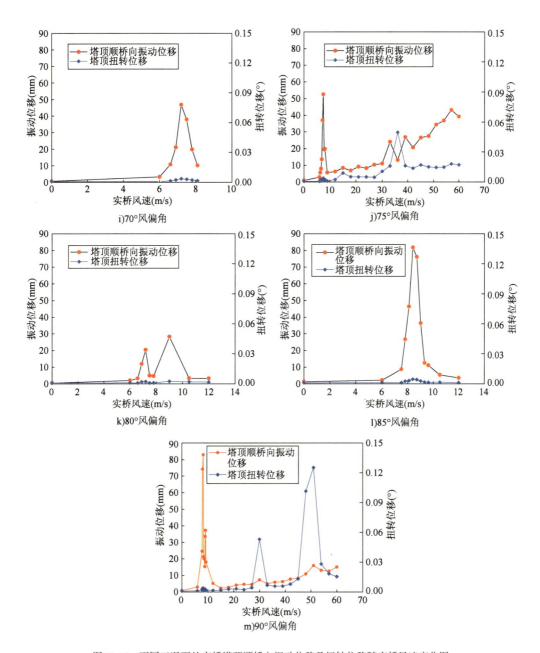

图 10-14 不同工况下的实桥塔顶顺桥向振动位移及扭转位移随实桥风速变化图

图 10-15 给出了不同工况下实桥塔顶最大涡振位移及发生最大涡振位移时的实桥风速。从图中可以看出,所有风偏角工况下,塔顶最大涡振位移不超过 90mm,塔顶最大涡振位移与塔高的比值不超过 1/3000。结合实测模型一阶顺桥向弯曲阻尼约为 0.5% 的事实,可以证明桥塔抵抗涡振的性能良好。此外,试验过程中桥塔没有发生驰振现象。

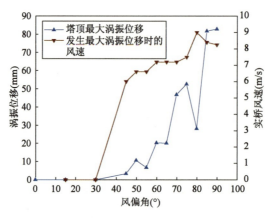

图 10-15 实桥最大涡振位移及对应实桥风速与风偏角的关系

10.4.3 抖振检验结果

在 TJ-2 风洞中通过尖劈和粗糙元构建 B 类紊流场,紊流场风剖面指数为 0.147。以桥面高度处基本风速为参考风速进行抖振试验。图 10-16 给出了不同风偏角下的塔顶抖振响应。

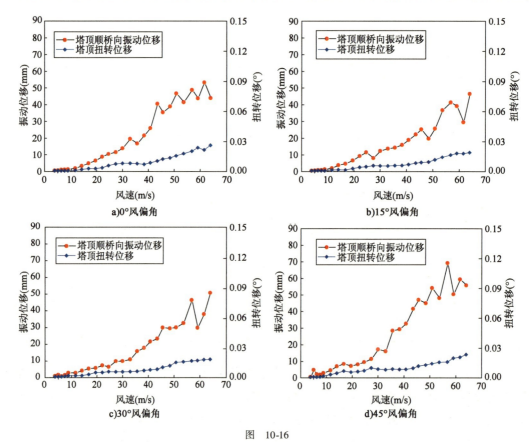

图 10-16

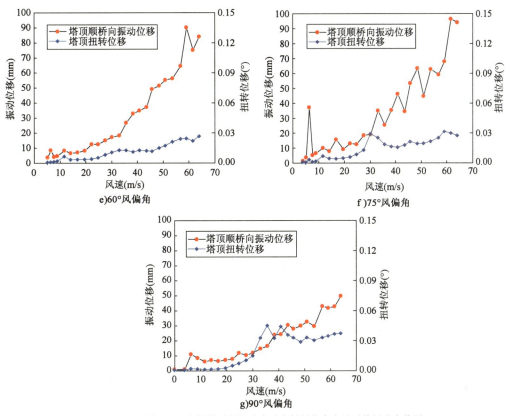

图 10-16　不同工况下实桥塔顶抖振响应随实桥桥位高度处平均风速变化图

10.5　小结

对于桥塔自立状态,无论是在均匀流,还是在自然来流紊流条件下,均无涡振、驰振和大幅风致抖振现象,桥塔自立状态满足施工期抗风性能要求。

第 11 章　桥面行车风环境

行车安全性是个复杂的问题,不仅涉及车辆本身的动力性能,还受到行车环境特别是风环境的影响。近年来,因强风引起的桥上车辆事故频发:2005 年 9 月 1 日,3 辆路过青州闽江大桥的大货车抵抗不住台风"泰利"的威力,先后被吹翻;2012 年 4 月 2 日,苏通大桥上阵风约 8 级,一辆长约 10m、装满泡沫塑料盒的超长板车在侧风的作用下失去重心,越过隔离栏,侧翻在对面车道上。这些事故不仅影响交通,更造成不可估量的经济损失,甚至影响到人身安全。因此,桥梁上行车安全性问题的研究对保障人民生命财产安全具有重要意义。

若大跨径桥梁桥址位于强风频袭地区,在强风作用下,车辆匀速直线通过大跨径桥梁时,风、车、桥三者间的相互作用主要表现在以下几个方面:①由于路面粗糙度的存在,高速运动的车辆和柔性的大跨径桥梁间会发生明显的车桥耦合振动;②脉动风的作用会使桥梁发生抖振,从而影响或改变车桥耦合振动规律;③侧向风对车辆施加侧向力和侧倾力矩的作用,从而显著改变车辆的振动特性;④桥梁局部构造物起到了遮挡气流的作用,形成风场突变区,对行车安全提出更高要求;⑤车辆在桥面上的存在会改变主梁断面的气动绕流,主梁断面的气动特性随车辆的到来和离去而改变,整个主梁所受风载随车辆的运行而动态变化;⑥车辆处在桥面的气动绕流之中,主梁的几何外形会对桥上车辆的气动荷载产生影响。

桥梁行车的侧风安全性问题主要受到以下几个重要因素的影响:第一,桥梁选址周围的风场特征,特别是沿海的跨海桥梁,风荷载方向及强度、极端天气下的风速等条件共同构成了桥梁行车的安全隐患;第二,桥梁高程,一般为考虑水上交通工具等的通行要求,会将桥面设在较高位置,但这引起了更大风速;第三,风荷载的紊流作用与桥梁结构共同作用,产生抖振,其引起的振动对桥面行车安全性造成一定的影响;第四,主梁断面大多数为对称流线型设计,其风嘴处出现气流的分离-再附现象,与地面风荷载的特征存在较为明显的区别。除了以上提到的四点主要影响因素之外,车辆经过桥梁由驶进桥面、桥塔区、会车位置等一系列过程构成,因而车辆的气动特性也处于不断的变化之中。

侧风荷载作用下,车辆发生的安全事故有三类:一是由于侧风的横向力过大,导致车辆失去平衡发生侧倾;二是侧风力大于车轮与桥面横向摩擦力,导致车辆发生侧滑;三是强侧风作用下车辆发生横向偏移过大,而驾驶者未及时调整方向导致车辆发生偏航。

桥梁结构抗风设计的基本风速是指桥位地面(或水面)以上 10m 高度、重现期为 100 年、10min 平均的年最大风速,根据《公路桥梁抗风设计规范》(JTG/T D60-01—2004)中的全国基本风速分布图和全国各气象台站的基本风速值,广东省深圳市百年一遇的基本风速为 $U_{10}=$

38.40m/s,桥位附近香港百年一遇的基本风速为$U_{10}=39.50$m/s,澳门百年一遇的基本风速为$U_{10}=38.40$m/s。由于桥位在珠江口内侧且靠近深圳地区,本研究选用38.40m/s作为基本风速。这一取值是在平坦开阔地貌条件下,与结构抗风设计的基本风速概念相对应,本研究将允许桥面行车的10m高度的10min平均风速的最大值称为安全行车基本风速。

对已有气象资料的初步分析表明:深中通道伶仃洋大桥桥位处属强风多发区,桥位大风将对未来桥梁运营期的行车安全造成重要影响。如何采取有效措施保障大桥在风天的通行安全、提高桥梁运营效率,是该桥建设和运营管理必须要解决的问题。

11.1 桥面行车风环境数值模拟

由于伶仃洋大桥地处沿海台风影响区,基本风速较大,本研究利用数值风洞技术对4m梁高方案的桥面风环境进行分析,为桥面行车安全评估提供环境风速数据。

11.1.1 几何建模及网格划分

按照结构尺寸图,建立主梁的几何模型,进行空间区域的网格划分。几何模型主要包括主梁、防撞栏杆、导流板、中央稳定板、风嘴导流板栏杆等构件。主梁几何模型如图11-1所示,网格划分如图11-2所示。

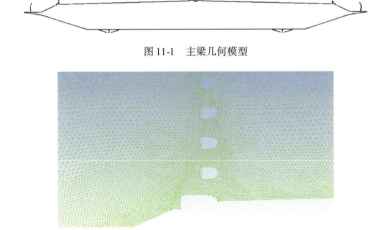

图11-1 主梁几何模型

图11-2 网格划分示意

11.1.2 计算方法

流场的数值模拟以Navier-Stokes方程为基本控制方程,采用离散化的数值模拟方法求解流场。在Navier-Stokes方程求解中,采用直接数值求解(DNS)可精确描述绕流流动。但三维高雷诺数绕流流动数值模拟的计算量是难以承受的,在工程上常采用湍流模型来计算。湍流模型是模拟均值化的流场,忽略了难以分辨的小尺度涡,而被忽略的小尺度涡在湍流模型中体现。

本研究采用基于时间平均的雷诺均值 Navier-Stokes 方程（RANS）模型中使用最广泛的 Realizable 双方程湍流模型，计算方法及参数见表 11-1。

计算方法及参数　　　　　　　　　　　　表 11-1

计算方法	有限体积法
压力、速度耦合	Simple 算法
湍流模型	Realizable k-ε 模型
扩散项离散格式	一阶迎风差分
对流项离散格式	一阶中心差分

11.1.3　边界条件设置

流体入口边界条件：采用了正交均匀来流的速度入口，流体运动速度为 38.4m/s，出口边界条件为自由流出口边界条件，无滑移固壁条件设置在桥面、风障、防撞栏杆等位置。边界条件如图 11-3 所示。

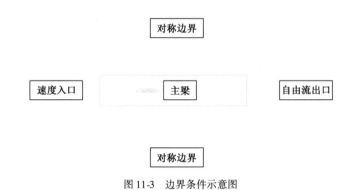

图 11-3　边界条件示意图

11.2　桥面行车高度风环境研究

在计算区域设置一定的入口风速，通过数值求解可获得主梁区域的流场分布，从而可评估主梁区域的风环境。主要研究空间风速的变化，故引入速度系数来分析流场。速度系数的定义为：

$$\alpha = \frac{v_{\text{mean}}}{v_{\text{in}}} \tag{11-1}$$

式中：α——速度系数；

v_{mean}——研究空间某点的平均速度；

v_{in}——入口风速。

速度系数反映了桥梁及附属构件对来流风速的干扰作用的大小，系数大于 1 表示该点风速大于来流风速，小于 1 表示该点风速小于来流风速。

考虑车道中心线，桥面以上 10m 范围为风速监测位置，按照风速来流方向，从左到右依次定义为车道 1、车道 2、车道 3、车道 4、车道 5、车道 6、车道 7、车道 8，如图 11-4 所示。

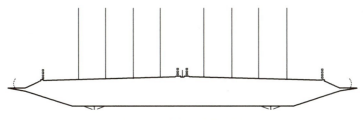

图 11-4 监视位置示意图

11.2.1 正交来流风速 45m/s 时桥面风环境

正交来流风速为 45m/s 时,桥梁横截面各车道风剖面见图 11-5,桥面附近流场见图 11-6,桥梁横截面各车道风速分布曲线见图 11-7。

图 11-5 桥梁横截面各车道风剖面

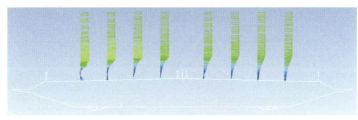

图 11-6 桥面附近流场

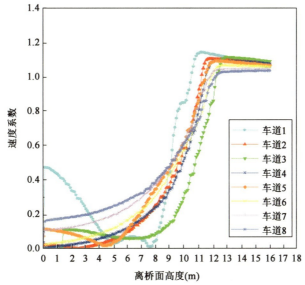

图 11-7 桥梁横截面各车道风速分布曲线

11.2.2 正交来流风速 58m/s 时桥面风环境

正交来流风速为 58m/s 时,桥梁横截面各车道风剖面见图 11-8,桥面附近流场见图 11-9,桥梁横截面各车道风速分布曲线见图 11-10。

图 11-8 桥梁横截面各车道风剖面

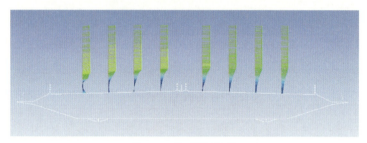

图 11-9 桥面附近流场

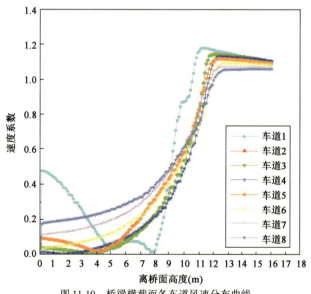

图 11-10 桥梁横截面各车道风速分布曲线

11.3 等效桥面风速及影响因素

桥面以上风速的大小随着离开桥面的距离而变化,变化规律也因主梁断面和桥面系构件不同而不同。为了比较来流风速和桥面不同高度位置风速的对应关系并衡量桥面以上一定范围内侧向风速的大小,根据总风压相等的原则定义了等效桥面风速和影响系数。由于主梁和栏杆等附属结构的影响,均匀的侧向来流风速在桥面形成一定厚度的边界层,为了比较,根据侧向气动力等效原则定义等效桥面风速 U_{eff} 如下：

$$U_{eff} = \sqrt{\frac{1}{Z_r}\int_0^{Z_r} U^2(z)\,\mathrm{d}z} \tag{11-2}$$

式中：Z_r——等效范围,与车辆在桥面上行驶时受侧风影响的高度范围相对应。基本乘用车和交叉型乘用车取 3.0m,中大型客车以及大型厢式货车取 5.0m；

U——风速；

Z——高度。

一般情况下,由于桥梁和桥面系构件的影响,等效桥面风速会小于基准高度风速。即桥梁和桥面系构件具有遮挡作用,使得桥面以上一定高度范围内的总风压小于桥梁上游来流的总风压,因此将等效桥面风速 U_{eff} 和实际来流 U_∞ 的比值定义为影响系数：

$$\beta = \frac{U_{eff}}{U_\infty} \tag{11-3}$$

影响系数反映了桥梁及附属构件对来流风速的干扰作用的大小,在某些情况下会出现影响系数大于 1 的情况,即桥梁和桥面系构件对桥面侧向风速有增大作用。计算所获得的不同行车道位置处的影响系数见表 11-2、表 11-3。

来流为 45m/s 时桥面不同行车道位置影响系数　　　　表 11-2

高度(m)	车道1	车道2	车道3	车道4	车道5	车道6	车道7	车道8
3.0	0.297	0.011	0.015	0.016	0.073	0.033	0.093	0.137
5.0	0.334	0.013	0.016	0.034	0.082	0.059	0.138	0.120
10.0	0.345	0.039	0.027	0.090	0.085	0.138	0.255	0.356

来流为 58m/s 时桥面不同行车道位置影响系数　　　　表 11-3

高度(m)	车道1	车道2	车道3	车道4	车道5	车道6	车道7	车道8
3.0	0.386	0.028	0.027	0.009	0.074	0.051	0.126	0.191
5.0	0.404	0.031	0.030	0.033	0.078	0.093	0.187	0.267
10.0	0.491	0.032	0.031	0.094	0.087	0.222	0.355	0.465

11.4　运营期风天行车安全保障措施

基于桥面风环境分布特征和车速与行车安全风速间对应关系的基本认识,降低车速和划分车道行驶可以有效提高大风天气桥梁行车安全性。同时,考虑到真实的人-车系统中驾驶员对外界环境的反馈作用对车辆的行驶安全也是至关重要的,故可以结合可变信息标志发布交通控制信息,如车速限制、车道限制以及文字和标志性行车警示等。

以保障大桥运营安全和通行车辆及人员、货物安全为基本出发点,大桥运营管理者应出台风天大桥通行安全的管理规定,不但要规定在什么样的风速下关闭大桥,还要规定各风速条件下通行车辆安全行驶所容许的最大车速。建议在桥位不同区段设置风速仪,同时建立相应的数字化管理系统,综合考虑各个区段的情况,力争通过风障结构措施和交通管理措施,使得各个区段的通行安全风速达到统一的水平,消除整个大桥安全通行风速控制的瓶颈,以便制订全桥统一的风天运营管理措施。

大桥风天通行管理规定最终发布和实施后,还要结合桥位周边气象站或桥面测风仪实时观测风速数据来决定桥面具体控制措施,通过桥面可变信息板实现将信息最终反馈给道路用户(驾驶员)。桥面可变信息板不但可以发布限速、车道控制等符号信息,还可以发布行车安全警示语,如"注意横风、谨慎驾驶"等。

11.5 小结

选取主梁跨中截面,采用数值风洞的方法,同时考虑主梁、防撞栏杆、导流板、中央稳定板、风嘴导流板栏杆,进行桥面风环境研究,得到了各截面周围流场分布和不同高度范围内的车道位置影响系数。

正交来流为 45m/s 时,10m 高度处桥面车道位置影响系数,车道 1 为 0.345,车道 8 为 0.356;3m 高度处桥面车道位置影响系数,车道 1 为 0.297,车道 8 为 0.137。正交来流为 58m/s 时,10m 高度处桥面车道位置影响系数,车道 1 为 0.491,车道 8 为 0.465;3m 高度处桥面车道位置影响系数,车道 1 为 0.386,车道 8 为 0.191。10m 高度处桥面各车道位置影响系数大于 3m 高度处。与西堠门大桥桥面风环境试验和实测分析结果相比较,在正交来流情况下,未设置风障时,桥面不同行车道位置的影响系数的变化规律相近,表明对伶仃洋大桥桥面行车风环境的计算结果真实可靠。

第 12 章 施工状态抗风性能研究

12.1 结构动力特性分析

12.1.1 施工阶段概况

深中通道伶仃洋大桥主梁施工采用对称拼装方案,如图 12-1 所示,其施工流程共分为 9 个主要的阶段。

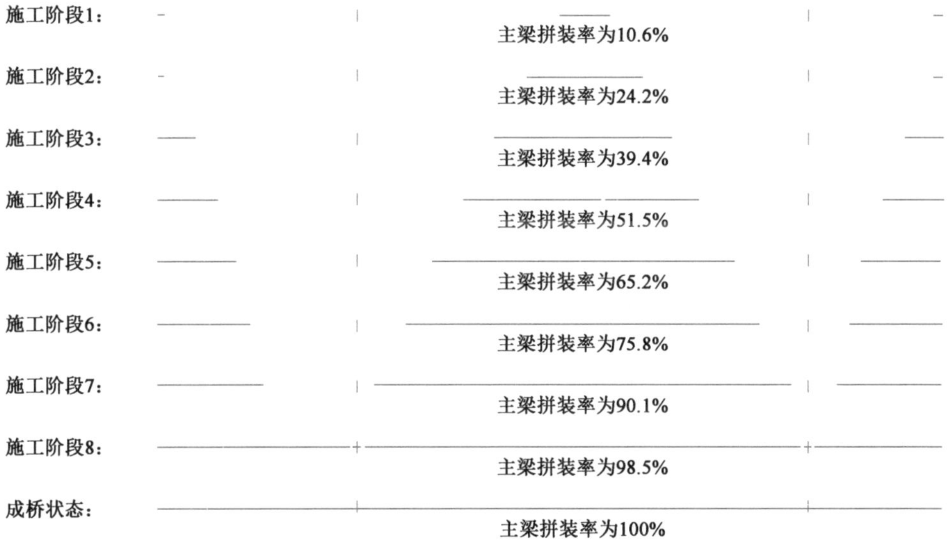

施工阶段1:	主梁拼装率为10.6%
施工阶段2:	主梁拼装率为24.2%
施工阶段3:	主梁拼装率为39.4%
施工阶段4:	主梁拼装率为51.5%
施工阶段5:	主梁拼装率为65.2%
施工阶段6:	主梁拼装率为75.8%
施工阶段7:	主梁拼装率为90.1%
施工阶段8:	主梁拼装率为98.5%
成桥状态:	主梁拼装率为100%

图 12-1 深中通道施工阶段划分

12.1.2 有限元计算

在自然风的作用下,桥梁结构会在横向、竖向、纵向及扭转等方向产生静力变形与动力响应,因此必须建立能反映结构动力效应的三维有限元模型。

深中通道伶仃洋大桥有限元分析模型采用传统的鱼刺梁式的单脊梁方式,有限元模型三维视图如图 12-2 所示。本方案动力特性采用 ANSYS 有限元软件计算得到。利用空间梁单元 BEAM4 模拟整个主梁,主梁的质量和质量惯性矩则采用质量点单元 MASS21 来模拟。拉索采用空间杆单元 LINK8,主塔各构件均采用空间梁单元 BEAM4。在计算过程中,不考虑支座弹性。

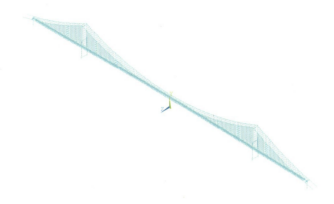

图 12-2 深中通道伶仃洋大桥有限元模型三维视图

有限元模型主塔塔底、边墩墩底和主缆端部均采用 6 个方向自由度全部约束,主塔和主梁之间的横向抗风支座采用主从约束 z 方向自由度,主梁端部和边墩主从约束横向和竖向位移以及主梁纵向扭转。整体模型约束体系如表 12-1 所示。

有限元模型约束体系 表 12-1

位置	自由度					
	dx	dy	dz	θ_x	θ_y	θ_z
主塔塔底(墩底)、主缆地锚	√	√	√	√	√	√
主塔和主梁间	×	×	√	×	×	×
边墩墩底	√	√	√	√	√	√
主梁和边墩	×	√	√	√	×	×

注:"√"表示约束该自由度。"×"表示未约束该自由度。

12.1.3 施工动力特性结果

根据设计资料,采用通用的有限元分析软件 ANSYS 对深中通道伶仃洋大桥的 6 个施工状态和成桥状态的动力特性进行了计算分析,结果见表 12-2。

深中通道施工阶段各阶段动力特性总表 表 12-2

施工阶段	参数	振型					
		一阶正对称侧弯	一阶反对称侧弯	一阶正对称竖弯	一阶反对称竖弯	一阶正对称扭转	一阶反对称扭转
施工阶段 1(主梁拼装率为10.6%)	频率(Hz)	0.041	0.126	0.089	0.091	0.134	0.243
	等效质量	55.8t/m	6.79t/m	834.0t/m	57.3t/m	15700t·m²/m	45100t·m²/m
施工阶段 2(主梁拼装率为24.2%)	频率(Hz)	0.04	0.095	0.089	0.092	0.224	0.262
	等效质量	33.6t/m	55.0t/m	36.6t/m	132.0t/m	350000t·m²/m	265000t·m²/m
施工阶段 4(主梁拼装率为51.5%)	频率(Hz)	—	—	0.13	0.132	0.231	0.269
	等效质量	—	—	34.3	28.4	17000	6630

续上表

施工阶段	参数	振型					
		一阶正对称侧弯	一阶反对称侧弯	一阶正对称竖弯	一阶反对称竖弯	一阶正对称扭转	一阶反对称扭转
施工阶段5 (主梁拼装率为65.2%)	频率(Hz)	0.04	0.061	0.083	0.1	0.201	0.262
	等效质量	22.3t/m	15.9t/m	35.5t/m	28.4t/m	10500t·m²/m	12800t·m²/m
施工阶段6 (主梁拼装率为75.8%)	频率(Hz)	0.039	0.055	0.081	0.101	0.202	0.279
	等效质量	21.2t/m	15.4t/m	34.8t/m	28.1t/m	7840t·m²/m	6330t·m²/m
施工阶段7 (主梁拼装率为90.1%)	频率(Hz)	0.039	0.05	0.08	0.102	0.218	0.288
	等效质量	20.3t/m	15.3t/m	36.4t/m	28.0t/m	7100t·m²/m	6310t·m²/m
成桥状态 (主梁拼装率为100.0%)	频率(Hz)	0.065	0.146	0.086	0.105	0.266	0.299
	等效质量	26.4t/m	113.0t/m	35.8t/m	27.5t/m	6860t·m²/m	5610t·m²/m

12.2 全桥气动弹性测振风洞试验

12.2.1 模型设计及试验准备

12.2.1.1 全桥气动弹性模型设计

施工阶段全桥气动弹性模型试验在 TJ-3 风洞完成。TJ-3 风洞高度为 2m,宽度 L_M 为 15m。伶仃洋大桥全桥长 L_B 为 2666m,桥梁的几何缩尺比 λ_L 应满足下式要求:

$$\lambda_L = \frac{L_M}{L_B} \leqslant \frac{15}{2666} \approx \frac{1}{178}$$

由于试验过程需要考虑锚碇的尺寸,同时要预留一定的可操作空间,最终选定的几何缩尺比为 1:215。进而,试验的风速比 λ_U 为:

$$\lambda_U = \sqrt{\frac{1}{215}} \approx \frac{1}{14.66}$$

相应的关键设计参数如表 12-3 所示。

模型关键设计参数　　　　表 12-3

参数	数值	参数	数值
长度相似比	1:215	频率相似比	14.66:1
风速相似比	1:14.66		

12.2.1.2 风洞实验室概述

施工阶段全桥气动弹性模型试验在同济大学 TJ-3 风洞进行。TJ-3 大气边界层建筑风洞是一座闭口竖向回流式矩形截面低速风洞,建于 1993 年。其规模在同类边界层风洞中居世界第二位。风洞并列的 7 台风扇由直流电机驱动,每台电机额定功率为 45kW,额定转速为

750r/min。采用计算机终端集中控制的可控硅直流调速系统调节和控制风速,流场性能良好。该风洞中设有一直径为3.8m的钢转盘,可根据需要通过在其上增加圆木板的方法扩大转盘的直径,转盘的直径最大可达到6.9m。转盘在电脑控制下可按需要进行转动,以改变风向。TJ-3风洞的参数见表7-12。图12-3给出了TJ-3风洞试验段的示意图。

图12-3　TJ-3风洞试验段示意图

12.2.1.3　试验仪器及规格

试验过程中所用到的主要仪器包括三维脉动风速仪3只、小量程激光位移计21块、DASP数据采集仪1套。具体介绍见第7.3节。

12.2.2　试验内容及工况介绍

12.2.2.1　模型的安装

将全桥气动弹性模型安装在TJ-3风洞试验段来流方向约5/6的位置处,以便于后期调整流场,如图12-4所示。

图12-4　全桥气动弹性模型安装示意图

12.2.2.2　施工阶段划分

根据前期数值计算结果,全桥气动弹性模型试验划分为7个典型施工阶段,分别是主梁拼装率为100%、主梁拼装率为90.1%、主梁拼装率为75.8%、主梁拼装率为65.2%、主梁拼率为51.5%、主梁拼装率为24.2%、主梁拼装率为10.6%。采用倒拆法，先安装成桥状态的模型，再分状态拆分为前序施工阶段。

图12-5给出了安装在风洞中的7个典型施工阶段的伶仃洋大桥气动弹性模型。

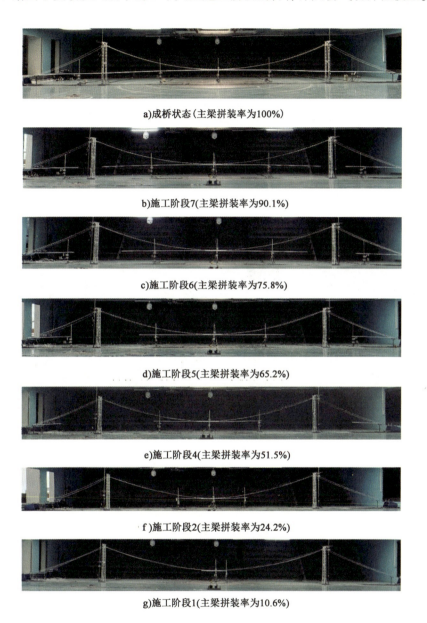

图12-5 伶仃洋大桥典型施工阶段模型

12.2.2.3 颤振工况

全桥气动弹性模型试验分别在均匀流场和模拟大气边界层的紊流场中进行。均匀流场试验主要考查桥梁的静风稳定性、颤振及涡激振动特性，紊流流场试验主要考查桥梁的抖振响应。考虑到桥址处来流存在一定的风攻角,全桥气动弹性模型试验时考虑了 -3°~ +3°范围内、风攻角间隔1°的情况。对于悬索桥全桥气动弹性试验风攻角的更换方法,考虑采用坡板的方式实现(图12-6)。试验时测试了不同施工状态下桥梁的颤振性能、静风稳定性能以及涡振性能。

12.2.2.4 抖振工况

采用高透风率的分流板上栏杆方案,研究 A 类风场紊流场下 7 个典型施工状态在 -3°~ +3°间共 7 个风攻角且 0°风偏角下的抖振响应。

通过在 TJ-3 风洞上游段设置尖劈和粗糙元的方式构建 A 类紊流场。图 12-7 给出了粗糙元及尖劈的摆放示意图。紊流场的风剖面指数及紊流度剖面一般通过三维脉动风速测量仪实测得到。图 12-8 给出了试验中模型摆放位置的实测风剖面与规范风剖面的对比,图 12-9 给出了试验中模型摆放位置的实测紊流度剖面图。

图 12-6 -3°风攻角时的坡板布置示意图

图 12-7 粗糙元、尖劈摆放示意图

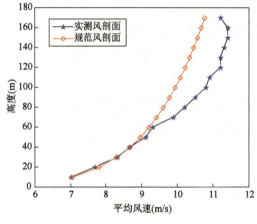

图 12-8 试验中模拟 A 类风场的实测风剖面与规范风剖面的对比

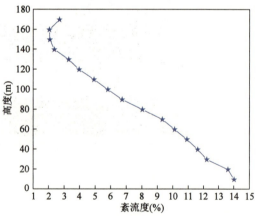

图 12-9 试验中模拟 A 类风场的实测紊流度剖面

12.2.3 模型的振动特性

采用激振的方法获得模型的各阶振型频率及其与理论频率的误差,如表12-4~表12-10所示。本试验涉及7个典型施工阶段,故分阶段给出其模型动力特性与误差。

成桥状态(主梁拼装率为100%)**振动特性**　　　　　　　　　　表12-4

参数	实桥频率(Hz)	模型理论频率(Hz)	模型实际频率(Hz)	误差(%)
一阶正对称侧弯	0.065	0.953	0.9330	-2.182
一阶反对称侧弯	0.146	2.141	2.1875	2.171
一阶正对称竖弯	0.105	1.540	1.5313	-0.565
一阶反对称竖弯	0.086	1.261	1.2750	1.111
一阶正对称扭转	0.266	3.900	3.9063	0.161
一阶反对称扭转	0.299	4.384	4.1250	-5.908

施工阶段7(主梁拼装率为90.1%)**振动特性**　　　　　　　　　　表12-5

参数	实桥频率(Hz)	模型理论频率(Hz)	模型实际频率(Hz)	误差(%)
一阶正对称侧弯	0.039	0.572	0.5781	1.066
一阶反对称侧弯	0.050	0.733	0.7500	2.319
一阶正对称竖弯	0.080	1.496	1.5000	0.267
一阶反对称竖弯	0.102	1.254	1.1875	-5.303
一阶正对称扭转	0.288	4.223	3.8440	-8.975
一阶反对称扭转	0.218	3.197	3.3750	5.568

施工阶段6(主梁拼装率为75.8%)**振动特性**　　　　　　　　　　表12-6

参数	实桥频率(Hz)	模型理论频率(Hz)	模型实际频率(Hz)	误差(%)
一阶正对称侧弯	0.039	0.572	0.5625	-1.661
一阶反对称侧弯	0.055	0.806	0.8438	4.690
一阶正对称竖弯	0.101	1.481	1.5000	1.283
一阶反对称竖弯	0.081	1.188	1.1875	-0.042
一阶正对称扭转	0.279	4.091	3.7500	-8.335
一阶反对称扭转	0.202	2.962	3.1880	7.630

施工阶段5(主梁拼装率为65.2%)**振动特性**　　　　　　　　　　表12-7

参数	实桥频率(Hz)	模型理论频率(Hz)	模型实际频率(Hz)	误差(%)
一阶正对称侧弯	0.040	0.587	0.5625	-4.174
一阶反对称侧弯	0.061	0.894	0.9375	4.866
一阶正对称竖弯	0.100	1.466	1.5630	6.617
一阶反对称竖弯	0.083	1.217	1.1880	-2.383
一阶正对称扭转	0.262	3.842	3.6880	-4.008
一阶反对称扭转	0.201	2.947	3.2500	10.282

施工阶段 4（主梁拼装率为 51.5%）振动特性　　　　表 12-8

参数	实桥频率(Hz)	模型理论频率(Hz)	模型实际频率(Hz)	误差(%)
一阶正对称侧弯	—	—	0.5938	—
一阶反对称侧弯	—	—	1.1250	—
一阶正对称竖弯	0.110	1.613	1.5938	−1.190
一阶反对称竖弯	0.090	1.320	1.2500	−5.303
一阶正对称扭转	0.231	3.387	3.2500	−4.045
一阶反对称扭转	0.269	3.944	4.1250	4.589

施工阶段 2（主梁拼装率为 24.2%）振动特性　　　　表 12-9

参数	实桥频率(Hz)	模型理论频率(Hz)	模型实际频率(Hz)	误差(%)
一阶正对称侧弯	0.040	0.587	0.5938	1.158
一阶反对称侧弯	0.095	1.393	1.4688	5.441
一阶正对称竖弯	0.089	1.305	1.6250	24.521
一阶反对称竖弯	0.092	1.349	1.3750	1.927
一阶正对称扭转	0.134	1.965	2.4000	22.137
一阶反对称扭转	0.262	3.842	2.7500	−28.423

施工阶段 1（主梁拼装率为 10.6%）振动特性　　　　表 12-10

参数	实桥频率(Hz)	模型理论频率(Hz)	模型实际频率(Hz)	误差(%)
一阶正对称侧弯	0.041	0.601	0.5938	−1.198
一阶反对称侧弯	0.126	1.848	1.8130	−1.894
一阶正对称竖弯	0.089	1.305	1.5000	14.943
一阶反对称竖弯	0.091	1.334	1.3440	0.750
一阶正对称扭转	0.134	1.965	2.0630	4.987
一阶反对称扭转	0.243	3.563	3.7000	3.845

由上述各表可见，除了在施工阶段 4、施工阶段 2 时，由于多次拆装，导致模型主缆应力松弛，模型频率有一定误差外，其余几阶主要振型的振动频率都能和理论值保持在较小的误差范围内。

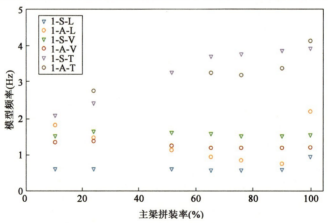

图 12-10　全桥气动弹性模型一阶振动频率随主梁拼装率的变化趋势

由图 12-10 可知,伶仃洋大桥主梁架设过程中,其动力特性呈趋势性变化。一阶正对称侧弯频率、一阶正对称竖弯频率和一阶反对称竖弯频率都随着主梁拼装率上升而保持不变;一阶反对称侧弯频率、一阶正对称扭转频率和一阶反对称扭转频率随着主梁拼装率上升而呈趋势性变化,一阶反对称侧弯频率出现减小趋势,一阶正对称扭转频率和一阶反对称扭转频率呈增大趋势。

12.3 全桥气动弹性测振试验结果

伶仃洋大桥施工阶段抗风性能检验的首要内容是确认不同施工阶段模型在均匀流场下的气动稳定临界风速,以及可能发生的涡激共振现象。本节将列举试验中记录的不同施工阶段模型在均匀流场下的测振结果。需要特别注意的是,伶仃洋大桥在不同的施工阶段表现出了不同的失稳形态。准确地说,在某些特定工况发生了静风失稳优先于颤振发生的现象。因此,本节将分风振形态来介绍均匀流场测振试验结果。

12.3.1 颤振失稳

颤振失稳是桥梁施工和运营当中一定要避免的风致振动现象。一般从风洞试验获取颤振失稳临界风速,并与规范检验风速相比,以评估颤振失稳风险。

在试验过程中,发现桥梁出现了硬颤振(发散性)和软颤振(持幅性)两种颤振形态。典型的硬颤振时程和软颤振时程分别见图 12-11、图 12-12。

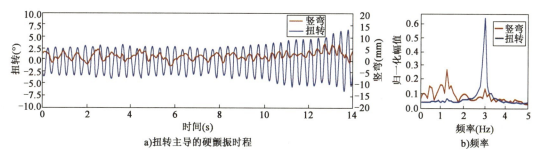

图 12-11 成桥状态、+2°风攻角时硬颤振时程及频率(实桥风速 65.52m/s)

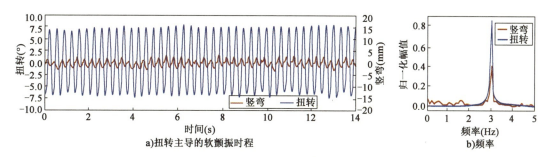

图 12-12 成桥状态、+3°风攻角时软颤振时程及频率(实桥风速 55.72m/s)

12.3.2 静风失稳

通常,通过三分力系数试验结合数值方法检验桥梁静风失稳极限。这是因为一般桥梁在风洞试验中会先发生颤振,桥梁已经处于失稳状态,无法增大风速使其达到静风失稳临界。但是在伶仃洋大桥施工阶段的全桥气动弹性模型风洞实验中,发现了数次静风失稳现象。

静风失稳现象发生速度快,在几秒内净位移迅速增大直至结构破坏。在试验过程中未留下有效的数据记录,只能记录其临界风速数值。表12-11 记录了试验过程中发生的几次静风失稳。

静风失稳发生工况及临界风速　　表12-11

序号	施工状态	风攻角(°)	临界风速(m/s)
1	施工阶段7	0	73.31
2	施工阶段6	+2	67.45
3	施工阶段5	+3	62.32

静风失稳对模型损伤大,为避免模型后续动力特性差异过大或模型发生不可逆损伤,在观察到模型有静风失稳风险后,所有的均匀流工况的最大风速只增大到全年规范检验风速或发生颤振,保证其在规范许用范围内的安全性,不探究桥梁抗风上限。

12.3.3 失稳临界风速结果

表12-12 给出了深中通道伶仃洋大桥在均匀流场下发生颤振或静风失稳的临界风速。该表记录了不同施工状态、不同风攻角条件下的试验失稳临界风速以及换算的实桥失稳临界风速,在备注中记录了其失稳形态(包括硬颤振、软颤振、颤振主导模态、静风失稳或静风失稳风险等)。其中,静风失稳风险指在试验中观察到静风位移出现突增,为避免损伤模型,故在该风速停止试验,记录为模型临界风速大于该风速。

均匀流场中,伶仃洋大桥不同施工阶段不同风攻角下的失稳临界风速汇总　　表12-12

施工状态	风攻角(°)	试验失稳临界风速(m/s)	实桥失稳临界风速(m/s)	备注
成桥状态 (主梁拼装率为100%)	0	5.0	73.31	—
	+3	3.8	55.72	软颤振
	+2	4.4	65.52	—
	+1	4.4	63.78	软颤振
	-2	5.9	86.51	—
	-1	5.9	86.51	反对称扭转
	-3	5.8	85.04	—

续上表

施工状态	风攻角(°)	试验失稳临界风速(m/s)	实桥失稳临界风速(m/s)	备注
施工阶段7 (主梁拼装率为90.1%)	0	>5.0	>73.31	5.1~5.2m/s发生扭转静风失稳
	+3	>4.4	>64.51	存在静风失稳风险
	+2	>4.4	>64.51	存在静风失稳风险
	+1	>4.4	>64.51	存在静风失稳风险
	-3	5.0	73.31	反对称扭转
	-2	>4.5	>65.98	存在静风失稳风险
	-1	>4.5	>65.98	存在静风失稳风险
施工阶段6 (主梁拼装率为75.8%)	0	>4.5	>65.98	存在静风失稳风险
	1	>4.1	>60.12	存在静风失稳风险
	2	>4.1	>60.12	存在静风失稳风险
	3	>4.1	>60.12	存在静风失稳风险
	-3	4.7	>68.92	反对称颤振
	-2	4.8	69.64	反对称颤振
	-1	4.9	71.85	反对称颤振
施工阶段5 (主梁拼装率为65.2%)	-1	5.3	77.71	反对称颤振
	-2	5.3	77.71	反对称颤振
	-3	5.2	76.25	反对称颤振
	3	4.1	60.12	反对称驰振,侧向、竖向耦合
	2	4.6	67.45	静风失稳(1/4跨失稳)
	1	>4.4	64.52	静风失稳风险(1/4跨失稳)
	0	4.8	70.38	反对称驰振,侧向、竖向耦合
施工阶段4 (主梁拼装率为51.5%)	0	>4.0	>58.65	静风失稳风险
	+3	4.5	>62.32	静风失稳
	+2	>4.3	>63.05	静风失稳风险
	+1	>4.3	>63.05	静风失稳风险
	-1	>4.3	>63.05	—
	-2	>4.3	>63.05	—
	-3	>4.3	>63.05	—
施工阶段2 (主梁拼装率为24.2%)	0	>4.3	>63.05	—
	-3	3.7	54.25	软颤振
	-2	4.0	58.65	软颤振
	-1	4.0	58.65	软颤振
	+3	>4.3	>62.32	—
	+2	>4.3	>63.05	—
	+1	>4.3	>63.05	—

续上表

施工状态	风攻角(°)	试验失稳临界风速(m/s)	实桥失稳临界风速(m/s)	备注
施工阶段 1 (主梁拼装率为 10.6%)	+1	>4.3	>63.05	—
	+2	>4.3	>63.05	—
	+3	>4.3	>63.05	—
	−3	3.1	45.45	—
	−2	3.2	46.92	—
	−1	3.3	>63.05	—
	0	3.5	51.32	—

图 12-13 展示了伶仃洋大桥的不同施工阶段在均匀流工况下的失稳临界风速结果汇总,包含 7 个施工阶段,每个施工阶段包含 7 个风攻角,并与全年规范极值检验风速和 1—4 月检验风速对比。从图中可以看出,随着主梁拼装率的提高,桥梁失稳临界风速总体呈提高趋势。此外,在主梁拼装率较低时负风攻角是不利工况,而主梁拼装率较高时正风攻角是不利工况。

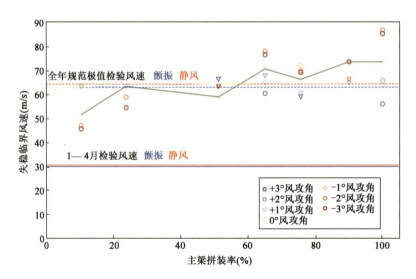

图 12-13 伶仃洋大桥各施工阶段均匀流工况失稳临界风速结果汇总
注:红色代表负攻角,蓝色代表正攻角;倒三角代表静风失稳或存在静风失稳风险,圆圈代表颤振。

12.3.4 抖振

本节分析伶仃洋大桥在 A 类紊流场下的主梁抖振响应。图 12-14 ~ 图 12-16 展示了主梁三个自由度抖振位移的均方根随风速变化的趋势。本研究涉及 49 个不同的工况,此处不一一列举其结果,而重点关注在两个特定风速下的抖振响应值:一是 1—4 月施工设计风速,二是全年施工设计风速。

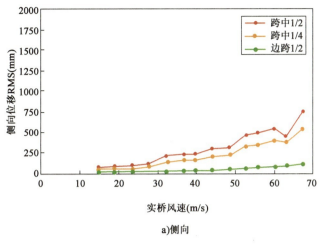

a) 侧向

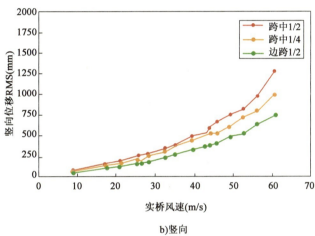

b) 竖向

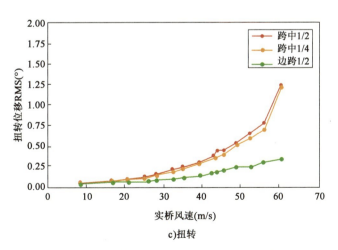

c) 扭转

图 12-14　伶仃洋大桥成桥状态、+3°风攻角时的主梁抖振响应

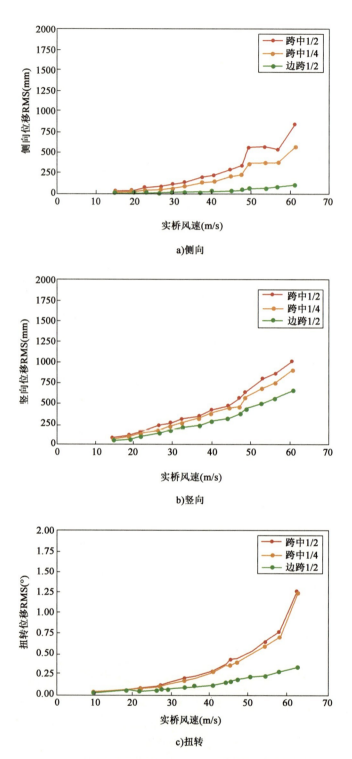

图 12-15 伶仃洋大桥成桥状态、+2°风攻角时的主梁抖振响应

第12章 施工状态抗风性能研究

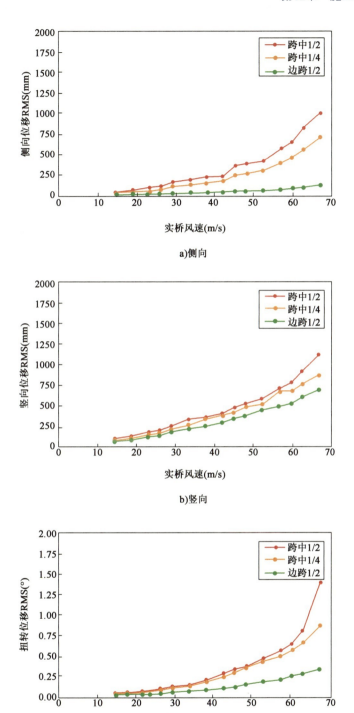

a)侧向

b)竖向

c)扭转

图12-16 伶仃洋大桥成桥状态、+1°风攻角时的主梁抖振响应

图 12-17、图 12-18 展示了两个控制风速（1—4 月检验风速、全年规范极值检验风速）下伶仃洋大桥在不同施工阶段、不同风攻角下的主梁抖振 RMS。可以看出其竖向抖振响应随着主梁拼装率的变化而变化的趋势并不明显，而扭转抖振则呈现出最初状态不利的情况。

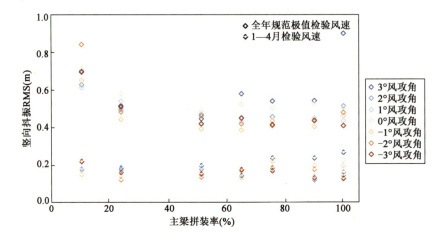

图 12-17　伶仃洋大桥主梁跨中竖向抖振响应

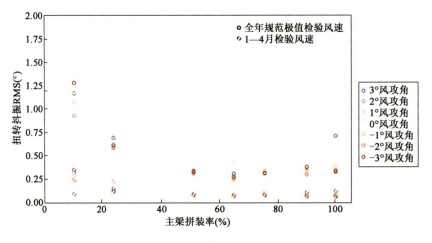

图 12-18　伶仃洋大桥主梁跨中扭转抖振响应

12.4　小结

在不同施工阶段、不同风攻角条件下，深中通道伶仃洋大桥全桥气动弹性模型的主梁颤振临界风速或静风失稳临界风速均高于 1—4 月施工期颤振检验风速（29.43m/s）。随着主梁拼装率的提高，失稳临界风速逐渐提高。

在以下工况，主梁颤振临界风速低于全年规范颤振检验风速（62.14m/s）：成桥状态（主梁拼装率为 100%）、+3°风攻角；施工阶段 5（主梁拼装率为 65.2%）、+3°风攻角；施工阶段 2（主梁拼装率为24.2%)、-1°/-2°/-3°风攻角;施工阶段1(主梁拼装率为10.6%)、0°/-2°/-3°风攻角。

在均匀流场条件下,记录到全桥气动弹性模型在以下3个工况发生静风失稳现象:施工阶段8(主梁拼装率为90.1%)、0°风攻角;施工阶段6(主梁拼装率为75.8%)、+2°风攻角;施工阶段5(主梁拼装率为65.2%)、+3°风攻角。

第13章 结　　语

13.1　4m梁高方案

13.1.1　小尺度节段模型颤振试验结论

小尺度节段模型颤振试验结果表明：

①当检修道栏杆透风率为93%，中央稳定板高度为1.2m，底板厚度为10mm，检修车轨道置于1/10底板位置处，高度为43cm时，无论是否设有检修车轨道导流板，主梁颤振风速均略小于颤振检验风速；若处于1/14位置，可满足检验风速要求。

②部分工况存在软颤振现象，以扭转角0.5°均方根值对应的风速作为颤振临界风速。

13.1.2　大尺度节段模型涡振试验结论

大尺度节段模型涡振试验结果表明：

①在扭转阻尼比为0.09%的条件下，工况5、工况8、工况9（检修车轨道置于1/10、1/14和1/18位置且不设置导流板）在0°和5°风攻角时扭转涡振现象较为明显，且不同程度地超过了规范允许的限值；工况1（检修车轨道置于1/6位置且不设置导流板）在风速为7m/s时扭转涡振振幅较大，接近但未达到规范限值。

②检修车轨道距离底板中心越近，涡振性能越好；且增设检修车轨道导流板可以较为明显地抑制涡振。

③检修车轨道位于1/10底板宽度位置、加设双侧或单侧轨道导流板时，在0.09%的扭转阻尼和0.24%的竖向阻尼下，均未发现明显的涡振现象，推荐采用。

13.1.3　全桥气动弹性模型试验结论

全桥气动弹性模型试验结果表明：

①深中通道伶仃洋航道桥全桥气动弹性模型的两种不同底板厚度方案在不同工况条件下，主梁颤振临界风速均大于颤振检验风速（83.7m/s）。对于底板厚度为10mm的主梁方案，不同风偏角下的颤振性能均优于无风偏角的情况。

②当主梁底板检修车轨道设置双侧导流板时，除+3°风攻角下的主梁颤振由反对称振型控制外，其余风攻角条件下均由正对称振型控制。而将外侧导流板去掉，仅保留内侧导流板

时,3个风攻角下的颤振状态均由反对称振型控制。

③对于14mm底板厚度主梁方案,其对应的全桥气动弹性模型颤振临界风速均高于检验风速,但相对于10mm底板厚度主梁方案未表现出明显的优势。

④全桥气动弹性模型在紊流场条件下,平均风速为85m/s时未见颤振现象。

⑤全桥气动弹性模型在均匀流场条件下,只记录到颤振现象,未发现静风失稳现象;在紊流场条件下,平均风速为85m/s时,未见静风失稳。

13.1.4 综合结论与建议

通过对深中通道伶仃洋大桥的小尺度节段模型颤振测振试验、大尺度节段模型涡振测振试验、全桥气动弹性模型风洞试验、风障数值计算及统计结果,可以得出如下几点结论:

①底板厚10mm主梁方案小尺度节段模型的颤振试验结果表明,不同检修车轨道位置条件下,主梁在-3°~+3°风攻角下的颤振临界风速基本达到或略小于颤振检验风速(83.7m/s)的要求。

②大尺度节段模型涡振试验结果表明,检修车轨道置于距底板边缘1/10底板宽度位置处,且在检修车轨道两侧或单侧增设导流板,可消除涡激共振现象。

③底板厚10mm主梁方案全桥气动弹性模型均匀流颤振稳定性试验结果表明,在成桥状态下,实桥的颤振临界风速均大于颤振检验风速(83.7m/s),最不利工况条件下(0°风偏角、-3°风攻角)的颤振临界风速为88.7m/s,其他工况下均具有较高的安全储备;0°风攻角下来流风偏角为5°、10°和15°时的颤振临界风速均大于同等条件下0°风偏角的颤振临界风速。

④对于14mm底板厚度主梁方案,其对应的全桥气动弹性模型颤振临界风速均大于颤振检验风速,但相对于10mm底板厚度主梁方案未表现出明显的优势。

⑤在紊流场条件下,平均风速为85m/s时,全桥气动弹性模型未见颤振现象。

⑥全桥气动弹性模型在均匀流场条件下,只记录到颤振现象,未发现静风失稳现象;在紊流场条件下,平均风速为85m/s时未见静风失稳。

⑦深中通道原始方案在A类紊流场下的抖振试验表明,在设计基准风速下,风偏角10°时最大侧向位移均值为3.263m,最大侧向抖振响应均方根值为1.307m;最大竖向位移均值为0.737m,最大竖向抖振响应均方根值为2.014m;最大扭转位移均值为0.937°,最大扭转抖振响应均方根值为1.636°。

建议如下:4m梁高方案,底板厚度为10mm,中央稳定板高度为1.2m,检修道栏杆透风率为95%,检修车轨道位于底板1/10宽度处,双侧或单侧设置轨道导流板,颤振临界风速高于颤振检验风速(83.7m/s),没有明显的涡振振动,在检验风速范围内未出现静风失稳现象,推荐作为伶仃洋大桥主梁气动外形方案。

13.2 对比方案

13.2.1 小尺度节段模型颤振试验结论

小尺度节段模型颤振试验表明，表 13-1 中的 4 个工况能够通过颤振检验。由该表可知，分流板上栏杆的透风率对颤振性能有显著的影响。颤振检验风速为 83.7m/s。

能够通过颤振检验的 4 个工况　　　　　　表 13-1

工况	桥梁断面形式				不同风攻角下最小颤振临界风速(m/s)
	上中央稳定板	下中央稳定板	分流板上栏杆	检修轨道位置	
1	1.4m	0.8m	低透风率	下底板边缘	85.7
2	1.2m	1.2m	低透风率	下底板四分点	85.0
3	无	无	95% 高透风率	下底板边缘	91.5
4	1.2m	无	95% 高透风率	下底板边缘	89.0

13.2.2 大尺度节段模型涡振试验结论

大尺度节段模型涡振试验表明 2 个工况能够通过涡振检验，如表 13-2 所示。

能够通过涡振检验的 2 个工况　　　　　　表 13-2

工况	桥梁断面形式				最大涡振位移与规范限值的比值(%)
	上中央稳定板	下中央稳定板	分流板上栏杆	检修轨道位置	
1	无	无	95% 高透风率	下底板边缘	37.2
2	1.2m	无	95% 高透风率	下底板边缘	38.8

13.2.3 全桥气动弹性模型试验结论

全桥气动弹性模型试验表明 2 个工况能够通过颤振检验，如表 13-3 所示。

能够通过颤振检验的 2 个工况　　　　　　表 13-3

工况	桥梁断面形式				不同风攻角下最小颤振临界风速(m/s)
	上中央稳定板	下中央稳定板	分流板上栏杆	检修轨道位置	
1	无	无	95% 高透风率	下底板边缘	88.55
2	1.2m	无	95% 高透风率	下底板边缘	88.11

13.2.4 桥塔自立状态和全桥运营状态其他结论

针对桥塔自立状态，在均匀流和自然来流紊流条件，均无涡振、驰振和大幅风致抖振现象，桥塔自立状态满足施工期抗风性能要求。

全桥运营状态下无大幅异常随机振动现象，多角度来流条件静风稳定性亦通过规范检验。

13.2.5 综合结论与建议

①综合小尺度节段模型试验、大尺度节段模型试验、全桥气动弹性模型试验以及静风稳定分析,推荐以下 2 个方案作为最终方案,见表 13-4。

最终推荐方案(5m 梁高断面)　　　　表 13-4

工况	桥梁断面形式			
	上中央稳定板	下中央稳定板	分流板上栏杆	检修轨道位置
1	无	无	95%高透风率	下底板边缘
2	1.2m	无	95%高透风率	下底板边缘

②设定行车安全基本风速为 27m/s 时,设计重现期内伶仃洋大桥不同位置处的基准高度风速介于 32.8~33.8m/s;结合 80m 高度 10 级大风风向玫瑰图,可知全年主导强风风向主要集中于东偏南北 45°和西向两个主要方向,侧风效应显著减弱,考虑风向效应会明显改善桥面行车风环境安全性,建议无须设置风障。

③考虑桥位区域为我国强台风频发区域,建议继续深化施工阶段的结构抗风性能研究工作,开展工程区域台风侵袭和登陆过程近地面与高空风环境追踪移动测试,校验既有研究结论的可靠性和安全性。

参 考 文 献

[1] 中华人民共和国交通运输部.公路桥梁抗风设计规范:JTG/T 3360-01—2018[S].北京:人民交通出版社股份有限公司,2018.

[2] 葛耀君,赵林.西堠门桥塔自立状态涡振控制试验研究报告[R].上海:同济大学土木工程防灾国家重点实验室,2005.

[3] 葛耀君,赵林.新光大桥抗风性能风洞试验研究第一至第三阶段研究报告[R].上海:同济大学土木工程防灾国家重点实验室,2005.

[4] 方根深,赵林,梁旭东,等.基于强台风"黑格比"的台风工程模型场参数在中国南部沿海适用性研究[J].建筑结构学报,2018,39(2):106-113.

[5] 王守强,赵林,葛耀君.大跨度悬索桥涡振风洞试验与现场实测比较[J].结构工程师,2018,34(3):122-127.

[6] 胡传新,赵林,陈海兴,等.流线闭口箱梁涡振过程气动力时频特性演变规律[J].振动工程学报,2018,31(3):417-426.

[7] 许坤,葛耀君,曹丰产.桥梁断面涡激振动气动效应特性识别[J].哈尔滨工业大学学报,2017,49(3):86-92.

[8] 郭增伟,葛耀君,赵林,等.基于主动控制面的大跨悬索桥颤振控制[J].中国公路学报,2017,30(2):57-68.

[9] 赵林,葛耀君,宋丽莉,等.广州地区台风极值风特性 Monte-Carlo 随机模拟研究[J].同济大学学报,2007,33(7):1034-1038.

[10] 赵林,葛耀君,郭增伟,等.大跨度缆索承重桥梁风振控制回顾与思考——主梁被动控制效果与主动控制策略[J].土木工程学报,2015(12):91-100.

[11] ZHAO L, LU A, ZHU L, et al. Radial pressure profile of typhoon field near ground surface observed by distributed meteorologic stations[J]. Journal of Wind Engineering and Industrial Aerodynamics, 2013, 122(11): 105-112.

[12] MA T T, ZHAO L, CAO S Y, et al. Investigations of aerodynamic effects on streamlined box girder using two-dimensional actively-controlled oncoming flow[J]. Journal of Wind Engineering and Industrial Aerodynamics, 2013, 122(11): 118-129.